BRO A BYWYD

Hywel Teifi

Hywel Teifi

Golygydd · Tegwyn Jones

© Tegwyn Jones / Cyhoeddiadau Barddas ⓑ
Argraffiad cyntaf 2013

ISBN 978-190-6396-61-9

Cyhoeddwyd gyda chymorth ariannol Cyngor Llyfrau Cymru.

Dylunio: Elgan Griffiths

Cyhoeddwyd gan Gyhoeddiadau Barddas.
Argraffwyd gan y Lolfa.

Rhagair

Tasg nid annhebyg i un o dasgau Culhwch gynt cyn ennill llaw Olwen oedd ceisio gosod Hywel Teifi Edwards rhwng dau glawr.

Ar un olwg, yr oedd yn grwydryn o Oes Fictoria a laniodd yn drystfawr yn ein cyfnod ni, gan edrych yn ôl dros ei ysgwydd a chanfod ein gwendidau a'n cryfderau fel Cymry yn yr oes honno, a'u dehongli'n fanwl ac yn ymfflamychol mewn darlith a chyfrol a rhaglen deledu. Ar olwg arall yr oedd yn ddyn ei gyfnod gant y cant, yn un a ymdaflodd yn ddiarbed i'r frwydr wleidyddol gyfoes dros ei wlad a'i iaith. Ac yn ei oriau hamdden prin, câi lawer o fwyniant yn y byd chwaraeon, yn enwedig pêl-droed.

Ond gŵyr y rhai a'i hadwaenai'n dda nad oedd dim yn nes at ei galon fawr na'i deulu agos a'i dras, a'r ddwy ardal lle treuliodd y rhan fwyaf o'i oes – Aber-arth a Llangennech.

Ceisiwyd cyffwrdd â'r agweddau hyn i gyd – ac eraill – ar ei fywyd llawn a chynhyrchiol, a chaiff y darllenydd benderfynu i ba raddau y bu llwyddiant ar y cais.

Yr oedd Hywel megis y 'neuadd fawr' honno y sonia Waldo amdani yn un o'i gerddi ysblennydd, ac ni allaf ond gobeithio i mi – yn rhannol o leiaf – lwyddo i gynnwys cymeriad mor arbennig a chofiadwy 'rhwng cyfyng furiau' y gyfrol hon.

Tegwyn Jones

'Hywel Aber-arth'

Mi wn i gystal â neb mor ddwfn y gall fod gwreiddyn lle …
ym mhridd ein hangen. Y mae'n agos i hanner canrif er pan
fûm i'n trigo yn Llanddewi Aber-arth ond trwy'r blynyddoedd
fe fu byw ynof i yn 'bentre gwyn' nas diwreiddir byth. Fel
pob pentref fe fyddai twyll a malais a chynnen yn ei gorddi
o bryd i'w gilydd, ac rwyf yn hen gyfarwydd ag astudiaeth
gymdeithasegol yr Athro Jac L. Williams (un o blant Ysgol
Aber-arth) na ragwelai ar ddechrau'r 1950au ond dirywiad
anorfod i'r gymuned wledig yr oedd y pentref yn ganolbwynt
iddi … Ond nid dyna a welwn i bryd hynny, pan oedd fy
mhentref wedi fy meddiannu'n llwyr, pob llathen ohono,
a phan oeddwn i wrthi'n perchnogi ysblanderau traeth ac
afon a chwm dros byth. Pan oeddwn, mewn gair, yn creu
fy 'mhentre gwyn'. Yr oedd Aber-arth Jac L. Williams, mab
ffarm Caebislan, yn ffaith anwadadwy wrth reswm, ac y mae'n
bod felly o hyd. Ond nid llai o 'ffaith' i mi yw'r Aber-arth yn
fy meddwl na fedd neb arall gymaint â throedfedd ohono, fy
encilfa o hyd pan ddaw ambell heddiw i'm llethu. Rwy'n dwlu
ar fy 'mhentre gwyn', ond nid wyf mor ddwl â chredu y dylai
fod imi'n ddinas barhaus.

O'r Pentre Gwyn i Gwmderi (tt.ix–x)

Tamed o bentre oedd Aber-arth … pentref hollol organig
… ro'n i'n cael fy magu o fewn poeriad cath i ddrws ffrynt
y capel, roedd 'na swyddfa'r bost yna, roedd 'na ddwy siop,
roedd 'na felin lifio 'na a melin wlân. Ond roedd y dafarn olaf
wedi cau yno yn 1919.

*O'i sgwrs yng Nghyfarfod Blynyddol Cyfeillion y Cyngor Llyfrau,
Hydref 2008*

Mor agored oedd Sarnicol i swynion pentrefi Ceredigion.
Ac wele Aber-arth 'sy'n cysgu ar lan ei afonig, dan gysgod
ei goed afalau; a'r hen gapteiniaid yn breuddwydio am eu
hwyl a'u helynt ar seithfor y byd'. Y mae'r geiriau hynny wedi
fy nghyfareddu ers blynyddoedd lawer. Tybed a oedd rhyw
Gapten Cat yn eu plith?

O'r Pentre Gwyn i Gwmderi (t.113)

Ar ben banc Bryn Dewi yn edrych mas ar y bae godidog yn
goron ar yr hen bentref, yr hen eglwys … yr eglwys fwya
dramatig ei lleoliad yng Nghymru.

*O'i sgwrs yng Nghyfarfod Blynyddol Cyfeillion y Cyngor Llyfrau,
Hydref 2008*

Eglwys Llanddewi Aber-arth

Mam-gu, yn 17 oed

Tad-cu, yn 17 oed

Mam (ar y chwith), Lil a Liz

Roedd fy nhad-cu – y tad-cu hwnnw na wnes i erioed ei weld, wedi bod yn codi cerrig o lan y môr Aber-arth i godi'r ysgol.

O'i sgwrs yng Nghyfarfod Blynyddol Cyfeillion y Cyngor Llyfrau, Hydref 2008

O'r cymoedd y daeth mam a'i dwy chwaer i Landdewi Aber-arth yn 1916 ar ôl i'w tad golli'i iechyd yn gweithio dan ddaear. Aethai ef i'r 'Sowth' o Bennant, Sir Aberteifi, yn grwt dan arweiniad ei ewythr, John Davies ... Daeth y teulu i Aber-arth ar 16 Mehefin 1916 a bu farw David Davies ar ddechrau mis Awst a'i gladdu ym Mhennant.

Arwr Glew Erwau'r Glo (tt.ix–x)

Capel Bethel, Aber-arth, a chartref Hywel yn 2, Water Street

Hywel: Oes gen ti gof cynta?

Myfanwy: Oes. Dy gofio di'n ca'l dy fedyddio yn fanna. A 'na pwy oedd yn neud y weithred oedd y Parch. Haydn Lewis, yn enedigol o Aberaeron.

Hywel: Ew! Prifardd.

Myfanwy: Prifardd, ie. O'dd Mam wedi gweud wrtho fe, 'Wy'n ofnadw o nyrfys, Mr Lewis', ond 'Pidwch â poeni', wedodd e, 'wy'n credu mod i mwy nyrfys na chi, wa'th 'ma medydd cynta i'.

Hywel: Ew! Ga'th e *winner*.

Myfanwy: Do, fe ddechreuodd *off* yn iawn.

O'r ffilm *Hywel Teifi*, Apollo, 2008 (sgwrs rhwng Hywel a'i chwaer)

Hywel ar lin ei fam, 1935

Rhieni Hywel: John Daniel ac
Olwen Myfanwy Edwards

Ken, Hywel a Myfanwy gyda'u rhieni
yn Aber-arth, tua 1947

Roedd e [fy nhad] wedi bod yn morio ers cryn dipyn o amser
... a morio oedd e pan daliwyd ef yn 1941 a'i gymryd yn
garcharor ... a threulio wedyn y rhan orau o dair blynedd yn
y gwersyll yn Bremen ... Roedd fy nhad yn gadael ysgol ar y
prynhawn Gwener, yn bedair ar ddeg, ac ar y bore Sadwrn,
roedd e'n mynd i'r môr gyda Chapten Jenkins y Ddôl.

**O'i sgwrs yng Nghyfarfod Blynyddol Cyfeillion y Cyngor Llyfrau,
Hydref 2008**

Roedd canu godidog 'na [yn y capel yn Aber-arth]. Bues
i'n hynod o ffodus. Fe ges i fy magu ar aelwyd lle roedd 'na
ganu – Mam yn soprano dda iawn, a'n chwa'r wrth gwrs yn
gyfeilyddes mewn steddfode wedyn, yn union sgil yr Ail Ryfel
Byd. Mi roedd cantorion Sir Aberteifi i gyd yn dod 'na i ga'l
practis.

O'r rhaglen *Beti a'i Phobol*, Awst 1989

Hywel gyda'i rieni a'i chwaer, Myf, Awst 1950

Tad Hywel (cefn chwith) a'i frawd a'i chwiorydd. Y chwaer yn y canol yw Mrs Nel Gwenallt Jones, gweddw'r bardd Gwenallt

O'r chwith: John Daniel (tad), Hywel, Olwen (mam), Elizabeth Jones (Anti Liz), Alun (cefnder), Anti Anne, Mam-gu Picton. Yn y blaen mae Myfanwy, ei chwaer, a Socs y Gath

Hywel a chyfaill iddo

Roedd gan Huckleberry Finn y Mississippi, a phobol Efrog Newydd Pont Brooklyn, ond yn Aber-arth roedd gyda ni'r afon Arth a'r bompren. A dyna ddigon ... Be dw i'n gofio'n arbennig yw'r hafau braf, pan fydde'r dŵr yn yr afon yn isel, a mi fydden ni'n mynd i swmpo pysgod, neu fel ma'n nhw'n dweud mewn rhanne erill o Gymru, eu gogles nhw, ond swmpo o'dd 'yn gair mawr ni. Bracso fydden ni'n neud yn yr afon pan fydde'r dŵr yn isel, ac ar ben hynny, y gamp o bob camp – eu maglu nhw, eu maglu nhw o'r lan. Gwialen gollen a digon o chwip ynddi ... neud magal ma's o fwng ceffyl.

O'r rhaglen *Beti a'i Phobol*, Awst 1989

Hywel (yn y canol) gyda ffrindiau ysgol yn ffair Aberaeron yn y 1940au

Hywel (trydydd o'r chwith yn y cefn) yn yr Air Training Corps (ATC)

[D]yma ddechrau mynd i'r pictiyrs yn Aberaeron. Am swllt, fwy neu lai, fe gaech fỳs Crosville (os oedd hi'n bwrw), sedd chwecheiniog yn y *matinee* pnawn Sadwrn, a chyn mynd adre rhofied o 'chips' Oswyn mewn cwdyn papur newydd yn y Celtic a fyddai'n wledd i holl sêr Hollywood. Mae eu blas yn fy ngheg i nawr ac rwy'n cofio fel y bydden ni'n eu gwynto o bell ... 'Chips' y Celtic a bara brown Carno: ni all dim fyth eu diflasu.

'Rwy'n mynd am sbin i Aberaeron', *Aberaeron 1807–2007: Dathliad / Aberaeron 1807–2007: A Celebration* (t.60)

Petai gofyn i fi nodi milltir o ffordd ddiangof ar fy nhaith drwy'r byd, fe nodwn y filltir rhwng Aberaeron ac Aber-arth wrth i ni ddod adre o'r pictiyrs ar ambell noson ysblennydd o haf (ar ôl cael caniatâd i weld ffilm hwyr) a'r haul wrth fachlud dros y bae yn dyblu a threblu ein hapusrwydd wrth i ni ail-fyw campau'r sêr. Fydda i byth yn pasio'r 'Memorial Hall' heb fendithio'r hen neuadd. Fe agorwyd ein llygaid ynddi i weld bydoedd na wyddem ni am eu bodolaeth. Porthodd fyd ein dychymyg, ac i fi fe fu'n 'neuadd fawr rhwng cyfyng furiau' cyn i fi erioed glywed am fardd o'r enw Waldo Williams. Y mae'n dal i fod yn lle rhiniol i fi.

'Rwy'n mynd am sbin i Aberaeron', *Aberaeron 1807–2007: Dathliad / Aberaeron 1807–2007: A Celebration* (t.60)

Lle mae agwedde yn y cwestiwn ma' nhw'n cymryd hir o amser i beidio â bod. I geisio dadwreiddio rheina mae'n cymryd sbel ... Nid fi yw'r unig un fan hyn heno a fu mewn ysgol ramadeg yn strêt ar ôl yr Ail Ryfel Byd. O'n i'n mynd i Ysgol Aberaeron – bues i'n yffachol o hapus 'na. Edrych 'nôl ar yr hen ysgol 'na â'r hyfrydwch mwya'. Ond wrth gwrs, chi'n gwbod, pan fyddwch chi'n edrych yn ôl dech chi'n sylweddoli *set-up* mor hollol wallgo oedd hi. Doedd hi ddim yn ysgol fawr, prin 500 o blant ynddi i gyd, y rhan fwyaf ohonon ni o'r pentrefi gwledig, llond dwrn *cosmopolitan* Aberaeron, a *foreign bodies* o'r Ceinewydd. Ond ar wahân i hynny plant pentrefi Cymra'g o'n ni. Diawch, pan es i i Ysgol

Hywel yn ei ddosbarth (rhes gefn, ail o'r chwith) yn Ysgol Aberaeron, tua 1946

Aberaeron roedd fy Saesneg i'n ddigon lletwith – dyw e ddim yn rhwbeth rhy urddasol o hyd. Ac o'n i'n mynd 'na, ac wrth gwrs – fydden i'n meddwl bod 99% o'r athrawon yn

Gymra'g eu hiaith, ac yn bobol braf, ond o'n nhw'n 'yn dysgu ni yn Saesneg. Ma'r peth jest yn anhygoel. Lawr mor bell â hynna! Jest mynd 'nôl rhyw hanner canrif. Agwedde! Dyw

rheina ddim yn marw'n gloi, credwch fi.

'Cymru a'i Harwyr': darlith a draddodwyd i gymdeithas Utgorn Cymru yng Nghlynnog Fawr, 2008

Ychydig bach yn ddiweddarach pan o'n i yn Ysgol Aberaeron, ac wedi cyrra'dd y chweched dosbarth, y profiad rhyfedd hwnnw, ar ôl bod yn siarad y Gymra'g am dros bymtheg mlynedd, yn sydyn iawn sylweddoli iaith mor odidog o gyfoethog oedd hi. Yn y chweched dosbarth darllen cerddi T. Gwynn Jones, a meddwi ar 'Ymadawiad Arthur', darllen *Ysgubau'r Awen* Gwenallt, dysgu'r sonede bron i gyd mewn nosweth. Cerddi T. H. Parry-Williams a gafodd ddylanwad mawr arna i. O'n i'n dod lawr fan hyn i'r tra'th, ac yn cerdded y tra'th 'ma, a bydden i wedi dysgu'r cerddi 'ma, a mi fydden i yn eu taranu nhw fan hyn ar hyd y tra'th. Dwi'n siŵr 'se pobol wedi

Rhai o ddisgyblion Ysgol Aberaeron, 1952. Gwelir Hywel yn eistedd ar y chwith eithaf

nghlywed i y byddwn i wedi ca'l fy rhoi tu ôl barre ... Ac i fi ma'r hen le 'ma yn atseinio o'r cyfnod hwnnw, a bydde'r gwylanod uwch fy mhen i yn sgrechen – wy'n barnu, yn sgrechen eu hedmygedd a'u cymeradwyaeth. A ma's fan'na yn yr hen fôr mi fydde 'na forloi yn codi'u ffroene tuag at y ffurfafen ac yn rhyfeddu. A wy'n dweud hyd at heddi, 'na'r gynulleidfa fwya' diwylliedig dwi wedi ga'l erio'd.

O'r ffilm *Hywel Teifi*, Apollo, 2008

Pan oeddwn yn grwt yn Ysgol Sul Bethel, Aber-arth, yr oedd ar un adeg ddosbarth o forwyr, cyn-gapteiniaid gan mwyaf a rhai ohonynt yn 'Cape Horners', yn ysgrythura'n wythnosol. Ymgorfforent hudoliaeth morio a'i ofnadwyaeth ac yr oedd ein hymwybod pentrefol ag arswyd y môr i ddwysáu'n ddirfawr yn ystod yr Ail Ryfel Byd gan beri canu am 'Fy nhad sydd wrth y llyw' yn aml yn y capel bach. Ymhen blynyddoedd wedyn pan ymglywais â rhyfeddod mordaith 'dyn dieithr' Pantycelyn, fe ddaeth atgofion am awyrgylch y Suliau hynny pan oeddwn grwt yn mynychu capel glan môr yn ôl i rymuso naws yr emyn i mi.

Pantycelyn a Parry-Williams: Y Pererin a'r Tramp (t.13)

Hywel ar y chwith, ei chwaer, Myfanwy (Myf), a'i frawd, Ken, ar y traeth yn Aber-arth tua 1950

Ar ein glan môr ni y byddai mynachod Ystrad-fflur ers talwm yn pysgota ac mi ddysges i nofio yn ... y pyllau pysgota y rhoes ... yr Arglwydd Rhys drwydded i'r mynachod eu pysgota nhw ... ac yn yr olaf un, yn dwyn yr enw 'Y Droellen' y dysgodd cenedlaethau o blant Aber-arth nofio. Ro'n i'n nofio bron cyn imi fod yn gallu cerdded.

O'i sgwrs yng Nghyfarfod Blynyddol Cyfeillion y Cyngor Llyfrau, Hydref 2008

Graig Ddu

Pa bryd y darfu dy gwmnïaeth di
A brodyr Gwyn Abaty Ystrad Fflur?
Pa hyd, yn unig, gwyliaist fympwy'r lli
Tra rhychiai'r gwynt dy groen â'i gynion dur?
Bu llawer Grawys heb it weled hynt
Y fintai foel i'w 'pysgodlynnoedd' bas,
A ffodd tirionwch y gyfeillach gynt,
Yn sŵn rhegfeydd anynad wylain cras.
Ond weithiau, pan fo'r môr yn swrth dan hud
Stoiciaeth anhyblyg dy warcheidiol wedd,
Ti glywi sgraff sandalau'r myneich mud
Wrth groesi'r marian mewn brawdgarol hedd.
Ac ni wna'r don a fawdd d'esgeiriau du
Ddryllio diddanwch atgo'r dydd a fu.

Hywel Teifi

*(Roedd gan fynachod Ystrad-fflur 'goredau'
ger y môr – a ger y Graig Ddu – yn Aber-arth,
sef trapiau i ddal pysgod wedi eu llunio o wiail
plethedig.)*

'Y Pwyllgor Bach': (o'r chwith i'r dde) Cynfael Lake, Henry Jones, Kay Pascoe, Elizabeth Evans, Elinor Ingham, Hywel Teifi Edwards

Etholwyd Hywel yn Gadeirydd y 'Pwyllgor Bach', fel rhan o Bwyllgor Daucanmlwyddiant Aberaeron yn 2007. Cynhyrchwyd cyfrol ddwyieithog, *Aberaeron 1807–2007: Dathliad / Aberaeron 1807–2007: A Celebration*, fel rhan o'r dathliadau.

Gallaf glywed rhywrai'n griddfan erbyn hyn – 'Rhagor o hiraeth blydi hen ddyn'. Wel, boed felly. Dim ond iddyn nhw gofio fod hiraeth yn hanfod pob cymdeithas wâr ac yn fynegiant o werthfawrogiad dyn o'r lle a'r bobl a roes eu stamp arno ... Ffynnon ddyfnaf fy hiraeth i tra byddaf byw fydd pentre bach Aber-arth, pentre fy magwraeth, y pentre mwya'i drysorau yn yr holl fyd. Ond milltir dda i ffwrdd roedd Aberaeron a dyna'r dre i fi, dyna'r 'home town'. Ac eleni rwy'n bwriadu mwynhau fy hiraeth amdani fel petawn i'n sbrigyn ugain oed a'r carnifal yn galw.

'Rwy'n mynd am sbin i Aberaeron', *Aberaeron 1807–2007: Dathliad / Aberaeron 1807–2007: A Celebration* **(t.61)**

Pêl-droed a champau eraill

A pha gae yng Nghymru gyfan sydd debyg i'r Cae Sgwâr? Aberaeron oedd *y* tîm soccer i ni cyn bod tîm Aber-arth. Cefais weld arwyr byd y bêl yn eu gwyn a du ar Gae Sgwâr pan ddaeth y rhyfel i ben ... Ie, dyna'n Wembley ni ers talwm. Fi oedd piau'r byd pan wisgais grys glas a gwyn Tyglyn i chwarae arno yn fy 'House Match' cyntaf, a fi oedd piau'r byd a'r nef pan wisgais grys tîm yr ysgol am y tro cyntaf. Ac mae'r blynyddoedd ar ddiwedd y 1950au pan fues i'n 'whare i dîm y dre' yn flynyddoedd mabinogaidd ...

[R]oen ni'n haid o fois yn ein hanterth, yn Gymry Cymraeg, yn ennill fwy amal na pheidio ac yn dathlu yn y Feathers, ennill neu golli. Ni oedd y cobs bryd hynny; pwdel Cae Sgwâr oedd y pwdel gore fuodd erioed; 'Damo di!' gan Pat wrth redeg y lein oedd yr unig *coaching* a gâi'r tîm yn gyson, a'r canu-cwrw-coch yn y Feathers wedi'r gêm oedd ein tâl – y canu o bob canu – digon da i gymanfa'r wynfa draw – os iawn y cofiaf!

'Rwy'n mynd am sbin i Aberaeron', *Aberaeron 1807–2007: Dathliad / Aberaeron 1807–2007: A Celebration* (t.61)

Tîm pêl-droed Aber-arth yn y 1950au. Hywel yw'r gôl-geidwad yn y canol

Y Cae Sgwâr, Aberaeron. Dewisodd Hywel y llun hwn i'w gynnwys yn y gyfrol *Aberaeron 1807–2007: Dathliad / Aberaeron 1807–2007: A Celebration*, ac yntau'n un o'i golygyddion

Tyrfa fawr cefnogwyr Gêm Gwpan 1949 rhwng Aberaeron a'r YMCA

Un o hoelion wyth tîm Aber-arth ar ddiwedd y 1940au oedd Hywel Teifi. Cofia ei gêm gyntaf ac yntau yn chwarae yn y gôl yn Nhal-y-bont. Holwyd ef gan ychydig o ferched a safai y tu ôl i'r gôl beth oedd y sgôr. Trodd yntau i'w hateb a chan hynny fethu â sylwi fod y bêl ar ei ffordd heibio iddo i gefn y rhwyd.

Gwyn Jenkins, *Cynghrair Pêl-droed Aberystwyth a'r Cylch 1934–1984* (t.34)

Wrth gwrs nid honno [y gêm rygbi] *yw'r* gêm. Pêl rownd yw'r gêm. Honno yw'r gêm glefer, yndê? ... Mae mor syml â hyn – gêm o *chess* yw socer a gêm o *ludo* yw rygbi ... Mae mor syml â hynny. Hynny yw, pan edrychi di ar ryw ddau bac anferth ar y ca' yn neud beth ma' nhw'n alw'n llinell, weithe mae'n cymryd tair munud i ga'l y bêl mewn. Wel, ma' rhwbeth bach o'i le ar gêm fel'ny.

O'r rhaglen *Beti a'i Phobol*, Awst 1989

Tîm pêl-droed Ysgol Aberaeron 1952, gyda Hywel yn eistedd yn y rhes flaen ar y chwith eithaf

Am ein bod ni'n whare yn y *league* ... roedd hawl 'da ni gael tocynne i fynd i Ninian Park i weld Cymru'n whare – i weld y duwie, Alf Sherwood a Wally Barnes a Ray Daniel a Trevor Ford. Mynd ar y bererindod gyntaf i Gaerdydd yn Hydref 1951, mewn bws a seti pren, a gwisgo *bathing costume* achos bod rhywun wedi'n rhybuddio ni bod menywod diawledig yng Nghaerdydd o'dd yn whare 'da dy betingalw di a dwgyd dy diced di 'run pryd. Ond Penri a Mal a finne a'r bois i gyd yn benderfynol na chaen nhw ddim gafel ar y ticeds beth bynnag.

O'r rhaglen *Pen-blwydd Hapus*, Gwdihŵ

Wy'n cofio un gêm – credu mai [Aber-arth] yn erbyn Goginan o'dd hi. Cofio'n asgellwr ni'n cwrso lawr y *wing* ar ôl y bêl 'ma, 'twel. *Full back* yn crra'dd o'i fla'n e, a 'ma danad 'da hwnnw i'r bêl 'ma. *Cannon ball* o Ryfel y Crimea. Hwn yn dod lawr yr asgell, fe ddalodd y bêl e yn 'i bils. Ma' fe lawr fel *bloater* ac yn bygynad fan'ny, a dyma Dai yn dod – y *trainer* – a'r cwbwl oedd gydag e o'dd sbwnj, a be ddiawl o'dd e'n mynd i neud â hwnnw? A 'na le o'dd e, yn 'mel â'r pŵr dab 'ma ar y llawr. Hwn wedyn yn ochan ... ac oet ti'n clywed wedyn yr apêl daer gan y boi 'ma o'dd wedi ca'l yr ergyd 'ma yn 'i bils. 'Er mwyn Duw, Dai, paid â whare â nhw – cowntia nhw!'

O'r ffilm *Hywel Teifi*, Apollo, 2008

Y cricedwr ieuanc: Tîm Criced Ysgol Aberaeron ddiwedd y 1940au. Gwelir Hywel yn y rhes gefn, y pumed o'r chwith

Aelod o dîm pêl-droed yng Ngholeg Aberystwyth, 1953. Mae Hywel yn y rhes flaen, y trydydd o'r chwith

Ym mis Medi 1958 treuliodd Hywel wythnos ym Mangor yng nghwmni ei ewythr Gwenallt. Dyma'i atgof am un digwyddiad yn ystod yr wythnos:

Ganol yr wythnos, roedd Bangor yn chwarae gartref yn erbyn Caergybi. Beth am fynd i weld y gêm fin nos? Dyma fynd, prynu rhaglen ac eistedd yn ffrynt y stand. 'Pwy y'ch chi am gefnogi?' Atebais nad oeddwn am gefnogi'r naill na'r llall gan na olygent ddim i mi. Edrychodd arnaf yn sobor. 'O ie, rwy'n meddwl y cefnoga i Fangor 'ntê?' Gwawriodd arnaf fy mod yng nghwmni'r lleiaf niwtral o blant dynion. Roedd achos i'w bleidio yn anadl einioes iddo. Ac am awr a hanner bûm yn dyst i wallgofi 'Spion Kop' o gefnogwr. Fe'm syfrdanodd. Arllwysai ohono lifeiriant o anogaeth a chollfarn, edliwiai ei ach i'r *ref* yn flagardus, tasgai o'i sedd bob yn ail munud i sylwebu ar y chwarae yn gymwys fel petai ei ddyfodol ynghlwm wrth lwyddiant Bangor. O'n hôl cododd protest: *'Sit down, damn you, sit down, you little bugger!'* Ond ni chlywai'r gwron. Fel yr amlhâi'r protestiadau ceisiwn ymbellhau oddi wrtho, ond gan ei fod yn mynnu i mi ategu ei ddoethineb roedd hynny'n amhosibl. Ychydig cyn diwedd y gêm baglwyd un o fois Bangor a'i adael megis celain ar y maes. Tynnodd Gwenallt ar holl adnoddau canrifoedd rhethreg i fynegi'i gyfiawn lid, nes iddo glywed cefnogwyr o'i ôl yn gweiddi, *'Get on with it, ref. Take him off. Stop wasting time.'* Trodd Gwenallt ataf a golwg dyn wedi clywed gwaethaf cyd-ddyn ar ei wyneb. 'On'd yw torf yn beth creulon?' Cytunais yn llipa.

'Y Ddwy Gêm', *Barn*, Tachwedd 1966 (t.11)

Tîm pêl-droed Ysgol Aberaeron 1951–52. Gwelir Hywel ar y dde yn yr ail res o chwaraewyr

Tîm Athletau Bechgyn Ysgol Aberaeron yn 1951. Hywel yw'r cyntaf ar y chwith yn yr ail res o'r brig

Hywel gyda'i gyfnither Hetty Gwenda

Y taflwr gwaywffon, un o gampau'r athro Cymraeg yn Ysgol y Garw ddechrau'r 1960au

Aelodau o dîm pêl-rwyd staff Ysgol y Garw, 1963. Hywel yw'r trydydd o'r chwith yn y cefn. Yn penlinio ar y dde yn y blaen mae'r diweddar brifardd ac Archdderwydd Dafydd Rowlands

Rwyf newydd ymgartrefu ymysg pobol sy'n gadarn eu cred fod pob gwryw wedi'i genhedlu i drafod pêl rygbi. Mi ges i groeso rheiol gan y selogion yn y lle ... tan iddyn nhw ddeall mod i'n whare soccer, ond byth er hynny, er eu bod nhw'n dal yn hynod ffein mewn llawer ffordd, fedra i ddim llai na theimlo pan fydd y sgwrs yn troi i fyd whare 'mod i'n destun tosturi a dirmyg-eunuch ar ymyl brawdoliaeth tra wrywaidd ... Mi ymserchais yn soccer pan own i'n grwt cyn i ysgolion Ceredigion wâr syrthio i afael nifer o Sowthmyn yr oedd eu syniadau mor wyrgam â'u pêl, ac ni wnaeth dros ugain mlynedd o'i whare a'i gwylio ond cryfhau f'argyhoeddiad ei bod yn gêm heb ei hail. Welais i erioed unrhyw reswm dros lunio 'apologia' iddi gan fod ei rhagoriaethau'n lleng.

'Y Ddwy Gêm', *Barn*, Tachwedd 1966 (t.11)

'Syrthiodd Hywel mewn cariad â thîm pêl-droed Arsenal ar ôl darllen hunangofiant y cefnwr Walley Barnes, *Captain of Wales* (1953),' meddai cyfaill mawr Hywel, yr Athro Geraint H. Jenkins, ac wrth gwrs fe barhaodd y cariad hwnnw heb bylu dim weddill ei oes. Pwy all anghofio'r gorfoledd ar ei wyneb pan drefnwyd iddo, wrth wneud ffilm deledu amdano, ymweld â Stadiwm yr Emirates, cartref newydd Arsenal?

Gadael y nyth
a magu teulu

Hywel yn lasfyfyriwr yn 1953

Ar ôl mynychu'r ysgol gynradd leol ... ac Ysgol Sir Aberaeron, aeth yn fyfyriwr i Goleg y Brifysgol, Aberystwyth, ym 1953 i ddilyn cwrs gradd yn y Gymraeg. Tystiolaeth W. M. (Moc) Rogers yw mai 'stiwdent encilgar' ydoedd, ac ni chofiai iddo erioed ei weld yn cymryd rhan yn gyhoeddus ar unrhyw lwyfan. Mae ef ei hun ... yn cyfaddef bod hiraeth yn ei gadw'n effro'r nos pan aeth gyntaf i'r Coleg. Er bod Aber-arth ac Aberystwyth ar fap yn ymddangos yn ddigon agos, y pellter rhyngddynt oedd fawr yn yr oes ddigerbyd honno. Clywais ef mewn darlith yn sôn fel y byddai, yn y dyddiau hynny, ac yn ei hiraeth, yn mynd am dro gyda'r nos i gyfeiriad gorsaf Aberystwyth i wylio'r bysys ... yn cychwyn am Aber-arth ac Aberaeron.

'Hywel Teifi' gan Tegwyn Jones yn *Cawr i'w Genedl* (t.3)

Diwrnod priodas ei gyfaill mawr Moc Rogers ac Eleri yng Nghapel y Watford ar Fynydd Caerffili, 1954. Hywel oedd y gwas priodas

Yn ôl ei gyfaill Moc Rogers, câi gyfle i fwrw peth o'r hiraeth am gartref a'i blinai ar ôl dod i'r Coleg yn y Crystal Palace, un o hoff ffynhonnau myfyrwyr Aberystwyth ar y pryd. Dyma gyrchfan nifer ohonynt 'mor aml â phosib ... i whare darts', ond nid bob amser y byddai cwmni'r brodyr yn ddi-fwlch, a chofnodir gan Moc y sgwrs fer ganlynol:

Mrs Lewis (Tafarnwraig y Crystal Palace): Where is the tall one tonight?
Ninnau: Can't afford the time, he takes so much longer than most to learn his work.
Mrs Lewis: I don't believe you. The tall one is very clever. 'The tall one is very clever' fuodd hi wedyn am ddiwrnode.

'Hywel Teifi' gan Tegwyn Jones yn *Cawr i'w Genedl* (t.4)

Hywel: Rwy'n hoff iawn o bob math o gantorion, i weud y gwir. 'Sen i wedi ca'l dewis gan Dduw o *un* rhodd, byddwn i wedi dewis bod yn ganwr.
Beti: Ond dech chi'n *gallu* canu?
Hywel: O ydw – hanner awr wedi un ar ddeg ar nos Sadwrn dwi gyda'r gore yn y byd.

O'r rhaglen *Beti a'i Phobol*, Awst 1989

Dosbarth Anrhydedd y Gymraeg, Coleg Prifysgol Cymru, Aberystwyth, Mehefin 1956. Rhes gefn: Mary Evans, John Dennis Jones, Morgan (Moc) Rogers, Nesta Jones (Williams), John Mainwaring, Carol Lewis, Hywel Teifi Edwards, Elena Bowen (Owen), Alan Richard Thomas, Magwen Bryant, Eunice Richards (Jones). Rhes flaen: Irene Gesin, Joyce Watts, Dafydd Bowen, Garfield Hughes, Thomas Jones, Arwyn Watkins, Proinsias Mac Cana, Eleri Richards (Rogers), Eirwen Tayson

Graddio, haf 1956

Gyda'i rieni ar ôl y seremoni raddio yn Neuadd y Brenin, Aberystwyth, 1956

Rhaid i mi gyfaddef nad fel un yn dioddef gan hiraeth yr ymddangosodd i mi pan ddeuthum innau i'r Coleg Ger y Lli ddwy flynedd ar ei ôl, oherwydd i lasfyfyriwr ofnus a phoenus o swil, ef yn sicr oedd y mwyaf hunanhyderus a hyglyw o blith y bechgyn a'r merched 'mawr' a oedd yn nesu at eu harholiadau gradd erbyn hynny, ac a fyddai'n pwyso rhwng darlithiau ar y balconi ('y balc') y tu allan i'r Ystafell Gymraeg. Buan y daethom ni lasfyfyrwyr i wybod pwy oedd y gŵr mawr tal yma, mai 'Aber-on' y gelwid ef, a'i fod yn un o sêr y tîm pêl-droed.

'Hywel Teifi' gan Tegwyn Jones yn *Cawr i'w Genedl* (t.4)

Adran y Gymraeg, Coleg Prifysgol Cymru, Aberystwyth yn y 1930au. Gwelir Gwenallt (Wncwl Gwenallt i Hywel) yn eistedd yn y rhes flaen, y cyntaf o'r chwith

Wy'n cofio mynd i ga'l gair gyda Gwenallt, a gofyn a allwn i neud ymchwil. O'n i eise gneud ymchwil ar Emrys ap Iwan. Ond wedodd e wrtha i, 'Y – na', a gofyn cwestiwn. O'dd e'n gwbod yr ateb cyn gofyn. 'Ydech chi'n medru Ffrangeg?' Fel 'se pawb yn siarad Ffrangeg yn Aber-arth. Finne'n gweud, 'Na, dim gair, Gwenallt.' 'Ches i erioed wers Ffrangeg yn Ysgol Aberaeron, dim un. 'O ie, wel os nad o's gyda chi Ffrangeg, allwch chi ddim gwitho ar Emrys ap Iwan.' Gwêd y gwir! Ac wrth gwrs, cyn mod i'n gwbod beth o'dd wedi digwydd, o'dd e wedi rhoi yn destun ymchwil i fi 'Bywyd a Gwaith William Williams, (Creuddynfab)'. Pwy ddiawl oedd hwn? Fe ffindies i fod y William Williams 'Creuddynfab' 'ma wedi ei benodi yn Ysgrifennydd Cyflogedig cynta'r Eisteddfod Genedlaethol, rhwng Llangollen 1858 a Rhuthun 1868, a dyma fi i mewn i'r cyfnod 'na. O'n i'n gwbod dim am gyfnod cynnar yr Eisteddfod Genedlaethol. Mi ffindies i ma's nag oedd 'na fawr neb arall yng Nghymru chwaith.

O'r ffilm *Hywel Teifi*, Apollo, 2008

Dyddiau cynnar ei garwriaeth ag Aerona Protheroe (Rona)

A than ofal [fy mrawd yng nghyfraith] Dai y cefais fynd dan ddaear am y tro cyntaf ar ôl i mi ddod yn Athro Cymraeg i Ysgol Ramadeg y Garw ym Mhontycymer ym mis Medi 1959. Aeth â mi trwy bwll yr Ocean ar fore Sul ac yr oedd unwaith yn ddigon i sylweddoli fod gan y glowyr bob hawl i'w hystyried eu hunain yn frid arbennig o weithwyr. Yng nghartref un ohonynt, Bill Parry a'i wraig Betty, y cefais lety cyn i mi briodi.

Arwr Glew Erwau'r Glo (t.xiv)

Diwrnod olaf tymor yr haf yn Ysgol Ramadeg y Garw, 1960

Yn ystod fy nghyfnod yn y Garw cefais sawl cyfle i groesi i'r Ogwr a throsodd trwy'r Bwlch i'r Rhondda a draw i Gwm Rhymni. Daeth Cwm Cynon, hefyd, yn gyfarwydd iawn i mi. Bob tro, ac o hyd, yr oedd ac y mae meddwl am yr hyn a fu yn y cymoedd hynny yn gynnwrf ac anobaith, llawenydd a dolur, gormes a gwrhydri, cyfoeth a thlodi, daioni a drygioni a ledodd drostynt. Ni welwyd o ran dwysedd, ddim i'w gymharu yn unrhyw ran arall o Gymru â'r ymchwydd diwydiannol a lanwodd gymoedd y De i'r fyl â phobol mor ymdrechgar a dygn.

Arwr Glew Erwau'r Glo (t.xiv)

Gêm ymenyddol yw criced a dyw e ddim yn deall criced yn iawn ... Ma ishe dipyn bach o *finesse* weithe wrth whare criced. Does 'na ddim *finesse* yn perthyn i hwn. Clatsiwr os buodd un erio'd. Ond pan o'dd y ddou ohonon ni yn Ysgol Ramadeg y Garw 'nôl ar ddechre'r chwedege 'na ... wy'n cofio bydden ni'n mynd ma's i'r maes chware. Ambell i ddwrnod, am ryw reswm, bydde Hywel Teifi yn dod hefyd. Nawr, pan fydde hynny'n digwydd, o'n i'n gorfod rhybuddio trigolion Pontycymer. Am wn i, thorrodd neb fwy o ffenestri yn y cymoedd â phêl griced na Hywel Teifi. O'dd hi bymtheg mlynedd wedi diwedd y rhyfel, ond o'dd Anderson Shelters gan rai pobol ar waelod yr ardd, a phan o'n nhw'n gweld Hywel Teifi yn mynd â'i fat at y llain, o'ch chi'n gweld pobol Pontycymer yn mynd lawr i waelod yr ardd i'r Anderson Shelters.

Dafydd Rowlands, rhaglen *Pen-blwydd Hapus*, Gwdihŵ

Diwrnod priodas Hywel a Rona, 26 Gorffennaf 1960, ac yna ar eu mis mêl yn Torquay

Hywel gyda Huw yn fabi

Ar y traeth gyda'r teulu

Rona, Meinir, Huw a Hywel, 1965

Hywel a Huw

Huw gyda Meinir ar ei diwrnod graddio, 1985

Hywel, Amos, Nia (merch Meinir), Vicky Edwards a Rebecca, Huw a
Sammy, Dan, Myfanwy a Wil (W. D. Evans), Alice ac Alan (Robinson),
Llanelli 2002

Plant Meinir: Rhys, Nia a Carys Krishnasamy

Tad-cu wedi dwlu'n lân

Hywel, Myf ei chwaer a'u mam, 1996

Hywel a Rona ar achlysur dathlu ei ben-blwydd yn 70 oed, 2004

'Ysgolhaig y Bobl'

Mi fydda i'n meddwl weithie am y diwrnodie hynny ... ac roedd hi'n nefolaidd o dawel lawr yn y gornel yna ... ac o'ch blaen chi mi fydde yna un o bapurau Oes Fictoria ac mi fydde dyn yn ymgolli'n llwyr yn hwnnw. Mae hynna wedi bod i mi yn un o bleserau bywyd.

'Pleserau'r Darllenydd': darlith a draddodwyd yn y Drwm, Llyfrgell Genedlaethol Cymru, ym mis Medi 2008

'Y bwthyn ar y bryn' – Llyfrgell Genedlaethol Cymru

'Y Gwirjyn erbyn y byd.'

Eisteddfod Freiniol
Genedlaethol
CAERNARFON

Gor. 10fed, 11eg, 12fed, a'r 13eg, 1894,

I'w hanrhydeddu â phresenoldeb eu Huchelder Brenhinol Tywysog o Thywysoges Cymru.

DROS £1,600 MEWN GWOBRAU.

Tair mil, un cant, a phedwar-ar-hugain o ymgeiswyr. Cystadleuaethau corawl a seindyrf pres arddderchog bob dydd.

Cerddorfa odidog o delynau, wedi ei threfnu yn arbenig gan John Thomas, Ysw., Telynor ei Mawrhydi y Frenhines.

Oratorio Handel – 'SAMSON,' a'r Oratorio Dramatig Newydd – 'DEWI SANT,' gan Mr. D. Jenkins, Mus. Bac., yr hon a genir am y tro cyntaf, gyda cherdd-orfa a chorawd llawn o 300 o berfformwyr.

Cyngherddau amrywiaethol o'r radd uchaf, cantorion ac offerynwyr blaena'r oes.

Cyfarfodydd yr Eisteddfod, 10 o'r gloch y boreu; y Cyngherddau, 6 yn yr hwyr.

Tocynau—5s., 3s., 2s., 1s.; i'r llwyfan, 7s. 6c. Tocynau i un fyned i'r holl gyfarfodydd, y seddau blaenaf, 25s.; gall y rhai sydd yn meddu y tocynau hyn sicrhau seddau wedi eu cadw ar eu cyfer a'u rhifo yn nghorff y Babell at yr Eisteddfod foreu Mercher, drwy dalu 5s. dros ben.

YR EISTEDDFOD DDYDD MERCHER YN UNIG.—Seddau wedi eu cadw ar eu cyfer a'u rhifo, ar y Llwyfan, 20s.; corff y Babell (nifer cyfyngedig o docynau), 10s. Rhaid i'r ceisiadau am y tocynau hyn, yn gystal a'r tocynau i fyned i'r holl gyfarfodydd (*Season Tickets*), gael eu gwneud ar unwaith i Mr. David Jones, Fferyllydd, Stryt Fangor, Caernarfon.

Pob hysbysrwydd yn y rhaglen swyddogol, pris 7½c. drwy y llythyrdy, yr hon a fydd yn barod tua'r 23ain o Fehefin, ac y geir gan y cyhoeddwr, Mr. W. Gwenlyn Evans, Caernarfon.

Bydd Trens rhad arbenig yn cael eu rhedeg ar hyd yr holl reilffyrdd (gweler hysbysleni cwmniau).

Tarian y Gweithiwr, 14 Mehefin 1894

Gallwn ddiolch (os dyna'r gair priodol) i Lew Llwyfo a Hwfa Môn yn ogystal am olwg ar gath neu ddwy arall a ddihangodd o gwdyn 'Yr Eisteddfod'. Cyffesodd Llew Llwyfo na fyddai ef a Cheiriog fyth yn cystadlu heb ymgynghori â'i gilydd yn gyntaf ac roedd yn un o'r ddau feirniad a roes y wobr i Geiriog yn 1867 am bryddest ar 'Syr Rhys ap Tomos'. Roedd Hwfa Môn a'r Llew, hefyd, yn ffrindiau mawr ac roedd Hwfa yn un o'r beirniaid a wobrwyodd y Llew yn 1865 ac 1866 am bryddest ar 'Dafydd' ac arwrgerdd ar 'Arthur y Ford Gron'. Yn 1867, tro Hwfa ydoedd i ennill un o'r prif wobrau am arwrgerdd i 'Owain Glyndŵr' a derbyn ei ganmol, i'r fargen , gan y beirniad Llew Llwyfo am gyfansoddi barddoniaeth 'Byw o dân yr Awen – Yn gyfoethog fel Cymru, yn syml fel natur, ac yn Wyddfa mewn mawredd.' At hyn i gyd gallwn ychwanegu fod llythyrau Hwfa Môn at Gwalchmai, lle mynegir cas perffaith at feirdd yr Hen Gorff, yn brawf safadwy o ymyrraeth sectyddiaeth â'r Eisteddfod, a chofier fod dau o'r llythyrau hynny'n dangos yn blaen fod Hwfa wedi helpu Gwalchmai i ennill y Gadair yn 1867 trwy 'ystwffio darnau ychwanegol' i'w awdl ar 'Y Milflwyddiant'.

Gŵyl Gwalia (tt.159–160)

Pan sefydlwyd yr Eisteddfod Genedlaethol yn 60au'r ganrif ddiwethaf ymosododd y Wasg Saesneg arni'n ffyrnig am eu bod yn ofni y byddai'n fagwrfa cenedlaetholdeb trafferthus. Gwawdiwyd hi, galwodd y *Times* am dranc pob *Welsh speciality*, a cheisiwyd dangos mor amherthnasol ydoedd yn Oes Aur Victoria. Heddiw y Cynulliad sy'n derbyn yr union driniaeth, ac y mae ymateb rhai Cymry i'r ymgyrch o blaid yn dwyn i gof yr eisteddfodwyr hynny ers talwm a droes i addoli wrth allor y llo Prydeinig, gan offrymu iddo eu diolchgarwch yn dâl am ei dom. Nid oes diolch hafal i ddiolch taeog.

'Priswyr y Genedl', *Y Faner*, 16 Chwefror 1979

Tarian y Gweithiwr, 26 Ebrill 1883

Yn absenoldeb [Victoria] fe gâi'r Tywysog [Edward] y clod a'r mawl a weddai iddi hi. Fel *surrogate* iddi hi ac fel *impresario* dathliadau'r Jiwbilî Aur [1887] yr oedd yn cael chwarae rhan llywiawdwr a wadwyd iddo gan Victoria dros y blynyddoedd oherwydd ei afradlonedd a'i drythyllwch. Y mae'n ddiamau iddo fwynhau ei gyfle er i Victoria ddeddfu y byddai'n cyfeirio at *my dear Mother* yn ddi-ffael fel y deallai pawb ei fod yn siarad yng ngrym ei gwarant hi. Ym Mhrifwyl 1887, fodd bynnag, er gwaetha'i habsenoldeb, fe fyddai ei lle yn y canol yn ddiogel, diolch i ddefod y cadeirio a welai brifardd yn cael ei wobrwyo (nid oedd perygl atal y wobr!) am awdl ar 'Y Frenhines Victoria'. Cystadlodd dau ar bymtheg am gadair dderw, deugain punt a bathodyn aur, a dyfarnodd y beirniaid, Tafolog, Dyfed ac Elis Wyn o Wyrfai, mai'r offeiriad, Berw (Y Parchedig Robert Arthur Williams) oedd yr enillydd. Barnai Tafolog fod nifer y cystadleuwyr 'yn awgrymu fod y beirdd Cymreig yn bur deyrngarol fel dosbarth arbennig o'r deiliaid'; gallasai ychwanegu eu bod yn ystod y bedwaredd ganrif ar bymtheg wedi codi twmpath o gerddi brenhingar, diawen ac na wnaethai cystadleuaeth y gadair yn 1887 ond ei chodi fodfedd yn uwch. Pan berfformiwyd *Jubilee Ode* Tennyson i gyfeiliant cerddoriaeth Charles Villiers Stanford cyfeiriodd y wasg Lundeinig at *inanities* a *thunders moaning in the distance*. Gwell peidio dyfalu beth fuasai'u hymateb i awdlau'r Cymry.

Jiwbilî y Fam Wen Fawr (t.15)

A dyma lle y down at dywysen arall ar lain Eisteddfod 1894, canys i Gaernarfon y flwyddyn honno fe ddaeth y 'Prince of Wales' a'i deulu; yn ymgnawdoliad o'r cyfrifoldebau ymerodrol y ganed y Cymry i'w hysgwyddo ... Gobaith yr Athro John Rhŷs oedd 'y gwneir popeth i beri i'r Tywysog a'r Dywysoges ddychwelyd adref yn falch o'u cysylltiad â Chymru'. Os am sioe o deyrngarwch a oedd yn rhemp i gyd y gobeithiai, doedd dim ganddo i'w ofni. Llai realistig oedd ei ddymuniad i'r Prins a'i deulu aros yng Nghymru am ryw hyd i ddysgu'r Gymraeg ... Y cwestiwn sy'n blino dyn o'r newydd ar ôl cnoi ychydig ar hanes ymweliad cyntaf y Prins â'r Eisteddfod Genedlaethol yng Nghymru yw hwn. Pam ein bod yn dal i gredu mai'n rhesymol wasanaeth yw bod yn fwy llaes ein diolch i'r Teulu Brenhinol na phawb arall pan yw'n berffaith amlwg nad yw hynny wedi talu dim inni dros y blynyddoedd?

'Lloffion Caernarfon', *Y Faner*, 27 Gorffennaf 1979

The Pavilion of the National Eisteddfod at Caernarfon 1862, engrafiad pren o *The Illustrated London News*

Fel aml i rod arall rhyfedd yw ffyrdd y rhod eisteddfodol hefyd. Mewn ystyr 'genedlaethol' dechreuodd honno droi o ddifri ar echel llwyddiant mawr Eisteddfodau Caernarfon ac Abertawe ym 1862 ac 1863 ...

[Y] peth cyntaf y carwn ddweud yw bod hyrwyddwyr Eisteddfod Genedlaethol Caernarfon yn berffaith siŵr bryd hynny mai'r Wyl honno oedd man cychwyn Oes Aur Eisteddfod y Cymry. Yn Aberdâr y flwyddyn gynt roedd eisteddfodwyr y De a'r Gogledd wedi 'cymodi' â'i gilydd ac wedi addo cydweithredu er lles y genedl. Meddiannwyd hwy gan 'euphoria' oes Victoria.

'Eisteddfod Genedlaethol Caernarfon 1862', *Barn*, Gorffennaf / Awst 1979 (t.41)

O'r diwedd daeth amser cynnal yr Eisteddfod gyntaf dan yr oruchwyliaeth newydd, Eisteddfod Genedlaethol Aberdâr, 20–22 Awst 1861, rhagredegydd yr Eisteddfodau Cenedlaethol a oedd i ddod yn rhan anhepgor o fywyd diwylliannol Cymru o 1880 ymlaen. O'r diwedd, roedd y Cymry am uno i brofi i'w collfarnwyr y gallent gydweithio'n anrhydeddus er lles eu gwlad. Enillodd un o'r beirdd mwyaf sychedig, Ifor Cwm Gwys, wobr o ddwy gini a medal am ddeuddeg englyn i ddathlu 'Uniad Gogledd a Deheu Cymru yn yr Eisteddfod Gyffredinol, y gyntaf o ba un a gynhelir yn Aberdâr', ac er na ddarganfuwyd yr englynion arobryn mae gennym dystiolaeth 'Y Gohebydd' i'n sicrhau fod 'Pawb yn foddlawn. Pawb yn falch o'r *fatch*.' Yr un, meddai ef, oedd y dymuniad o bobtu: 'Boed iddynt byth rhag llaw "aros ynghyd mewn perffaith gariad a thangnefedd"'.

Ysywaeth, roedd hynny'n gofyn gormod.

Gŵyl Gwalia (tt.17–18)

Hywel yn annerch mewn seremoni yn Aberdâr ym mis Mehefin 2009 lle dadorchuddiodd blac ar Neuadd y Farchnad i goffáu cynnal yno yr Eisteddfod Genedlaethol gyntaf yn 1861. Yn sefyll y tu ôl i Hywel y mae Arglwydd Aberdâr.

Mae yna sawl ymdrech yn y cyfnod yma i greu delwedd o Gymru ... i fynnu sylw, dyna beth mae'r Cymry'n ei wneud yn ystod Oes Victoria ... dangos gerbron y byd bod holl ogoniant yr ymherodraeth yn tarddu o'r gwreiddyn Cymreig.

'Annwyl gyfeillion, Pasiant Cenedlaethol Caerdydd 1909': darlith a draddodwyd i Gymdeithas Carnhuanawc yng Nghlwb Ifor Bach, Caerdydd, 2000

Ar ddydd Sadwrn, 22 Awst [1891 yn Eisteddfod Genedlaethol Abertawe], gwnaeth dau Ustus Heddwch ddatganiad cyhoeddus ar ôl cynnal Llys Heddlu Abertawe. Dywedodd W. Rosser ac A. H. Thomas fod 40,000 o ymwelwyr yn y dref dros yr Ŵyl ac nid arestiwyd un ohonynt am fod yn feddw. Roedd honno'n ffaith a ddywedai fwy na digon am foesoldeb y Cymry – ffaith a haeddai'i chwhwfan gerbron y byd. (Mae'n debyg y dywedai ambell sinig ei bod yn adlewyrchiad trist ar ansawdd cwrw Abertawe – does dim modd plesio pawb wedi'r cyfan.)

'Eisteddfod Genedlaethol Abertawe, 1891' yn *Abertawe a'r Cylch* (t.9)

Y solo gynta yn y Gymra'g ... fe wobrwywyd Emlyn Evans, gŵr o Shir Gâr, Castellnewydd Emlyn – fe wobrwywyd e yn Eisteddfod Genedlaethol yr Wyddgrug 1873 lle roedd 'na wobr wedi'i chynnig ar unawd tenor, cynta tro yn hanes y Genedlaethol, a dyma Emlyn Evans yn cyfansoddi 'Bedd Llywelyn', ac yn yr Eisteddfod honno, yr oedd tenor penna' Cymru, a'r cynta un o'n tenoriaid poblogaidd ni, tenor cenedlaethol, eicon o denor, a'r cynta un, y bendigedig Robert Rees, 'Eos Morlais', a fagwyd yn Nowlais, ac mewn oes fer – roedd e'n marw'n 51 oed, fe aeth yn anwylyn cenedl gyfan. Ac yn yr Eisteddfod honno yn yr Wyddgrug fe ganodd Eos Morlais 'Bedd Llywelyn', ac mi a'th hi trwy'r wlad yn llythrennol fel fflam dân, a dyna ddechre'r *vogue* rhyfeddol 'ma, y solos mae'n debyg gen i y tyfodd 'na nifer go dda ohonon ni yn eu sŵn nhw. Rwy' i wedi dweud o'r bla'n a dwi'n para i weud, fe allwn i wedi bod yn Fryn Terfel, 'sen i ddim wedi difetha'n llais, achos o'dd yr holl bobol 'ma yn dod i'n tŷ ni i ga'l practis, ac o'n i'n trio canu 'run peth â phob un ohonyn nhw, gan gynnwys sopranos ac altos a phob dim. Pa obeth oedd gen i? Ond o'n i jest yn dwlu ar y caneuon 'ma.

'Cymru a'i Harwyr': darlith a draddodwyd i gymdeithas Utgorn Cymru yng Nghlynnog Fawr, 2008

Yn y Pwmpdy, Abertawe, lle byddai Hywel, Dafydd Rowlands a Meirion Evans yn cwrdd yn rheolaidd i roi'r byd yn ei le

Hywel yn 1997 yn cyflwyno'r rhaglen *Glaniad y Ffrancod* ar S4C – rhaglen yn trafod ymdrechion y Ffrancod i lanio ar draeth Abergwaun yn y ddeunawfed ganrif

Dychmygaf y byddai wrth ei fodd petai wedi cael cwmni Llew Llwyfo, Talhaearn, Ceiriog a'u tebyg ar y ddaear hon … Daeth Dafydd Rowlands a minnau hefyd i adnabod y cymeriadau hyn, hynny wrth wrando ar Hywel yn traethu mor afieithus pan fyddem yn cwrdd yn driawd yn Abertawe slawer dydd yn y 'cwrdd misol' chwedl yntau. Fel y dychmygwch, nid oedd dewis ond gwrando!

'Ysgolhaig y Bobl', Meirion Evans, *Barn*, Chwefror 2010 (t.29)

Fel perfformiwr cyhoeddus ei hunan, roedd yn ymddiddori mewn perfformwyr. Câi ei ddenu gan gymeriadau llachar, lliwgar, cyhoeddus, o'n gorffennol diweddar fel y cantorion Llew Llwyfo ac Eos Morlais, y bocsiwr Tom Thomas, y cowboi Owen Rhoscomyl – gwŷr carismatig a lliwgar, oedd yn haeddu'u cynulleidfa tra'n codi gwrychyn y puryddion a'r sych-gul – yn union fel y gwnâi'r digymar Hywel Teifi ei hun.

Teyrnged gan yr Athro Gareth Williams, Prifysgol Morgannwg, *Golwg*, 7 Ionawr 2010 (t.5)

Hywel gyda Shân Emlyn yn cyflwyno'r gyfres deledu *Gwraidd y Gainc*, 1984

Yr Athro, ei staff a'i fyfyrwyr: Adran y Gymraeg, Coleg Prifysgol Cymru, Abertawe 1994
O'r top ar y chwith: Mari George, Sion Edwards, Meilyr Morgan, Emma Evans
Nicola Lloyd, Sally Jackson, Carys Baker, Mair Gwynne, Mark Smith
Ceri Treharne, Helen Foligno, Emma Jones, Lucy Rees, Melanie James, Alan Richards, Andrea Jones, Margaret Amber
Betsan Dafydd, Heini Gruffudd, Robert Rhys, Linda Sidgwick, Iestyn Davies, Martin Jones, Helen Davies
Carys Thomas, Robert Jones, Christine James, Hywel Teifi Edwards, Peredur Lynch, Gaynor Miles

[M]ae'n ymddangos y byddaf yn cymryd at yr Adran o fis Hydref ymlaen. Fy unig uchelgais yw gweld yr Adran yn goroesi'r cyfnod trafferthus hwn ac yn adennill hyder. Os gallaf ei helpu i fynd rhagddi'n ffyddiog byddaf yn fwy na hapus. Y mae parhad y Gymraeg yn Abertawe yn fater o bwys ac ni welaf pam na fedr ymsionci ond i bawb fynd ati o ddifri i'w swcro. Amser a ddengys.

Llythyr gan Hywel at yr Athro R. M. (Bobi) Jones, 24 Mehefin 1989, pan benodwyd ef yn bennaeth Adran y Gymraeg, Coleg Prifysgol Cymru, Abertawe

Pan benodwyd ef yn Athro ac yn Bennaeth Adran y Gymraeg ym Mhrifysgol Cymru, Abertawe yn 1989, daeth â brwdfrydedd ac agenda ymchwil gydag ef a fyddai'n effeithio ar bob un o aelodau ei staff. Yn fy achos i, ymhen fawr o dro roedd fy niddordeb yn llenyddiaeth cymoedd de-ddwyrain Cymru nid yn unig wedi'i harneisio i ddibenion dysgu cwrs ar 'Lên y Cymoedd', ond hefyd wedi'i droi'n faes ymchwil yn sgil ceisiadau rheolaidd ganddo am gyfraniadau i'w 'Gyfres y Cymoedd' arloesol.

'Tirluniau Dychymyg Gwenallt' gan Christine James yn *Cawr i'w Genedl* (t.217)

Hywel yn arwain taith Adran y Gymraeg, Coleg Prifysgol Cymru, Abertawe, i'r cymoedd yn ystod haf 1991. Gwelir ef yma yn annerch ar y Garreg Siglo, uwchben Pontypridd

Ym 1965 penodwyd Hywel yn diwtor Cymraeg yn Adran Allanol Coleg Prifysgol Cymru Abertawe. Gadael felly ddosbarthiadau egnïol ac weithiau anystywallt yr ysgol am ddosbarthiadau mwy hamddenol a gwâr yn Llanelli, Ystalyfera, Cwmllynfell a mannau cyffelyb.

'Hywel Teifi' gan Tegwyn Jones yn *Cawr i'w Genedl* (tt.5–6)

Yn y dosbarthiadau allanol, doedd y *stopper* o Landdewi Aber-arth ddim yn un i bilo wyau, a bu amal i festri capel a neuadd bentre yn boeth gan fflamau tân ei dafod miniog. Ac roedd aelodau ei ddosbarthiadau yn ddieithriad yn dwlu ar eu hathro.

Dafydd Rowlands mewn Cyfarfod Teyrnged i Hywel yn y Babell Lên, Eisteddfod Genedlaethol Ceredigion, Aberystwyth, 1992

Ni allai Ceiriog bechu yn erbyn ei gynulleidfa, er gwaethaf ei anwadalwch diotgar, am ei fod yn anad dim yn medru mynegi'n well nag unrhyw un o'i gyfoeswyr 'natur a theimlad cenedlaethol y Cymry'. Ef oedd genau'r 'gwladgarwch' Fictorianaidd. Roedd yn 'llawn o'r teimlad gwladgarol sydd yn berwi yng nghalon pob Cymro'. Felly'n union y credai'r *Brython* ar drothwy'r arwisgiad yng Nghastell Caernarfon yn 1911. Dim ond Ceiriog a allasai wneud cyfiawnder â balchder cenedlaethol y dwthwn hwnnw.

A dyna, ddadleuwn i, yw ei bwysigrwydd arbennig i ni heddiw. Trwyddo ef y ceir yr olwg gliriaf ar y gwladgarwch adferol a darddodd yng Nghymru yn sgil 'Brad y Llyfrau Gleision', yr ymosodiad trawmatig hwnnw ar gymeriad y Cymry gan Gomisiynwyr y Llywodraeth, a roes fod i ymdrech ddolurus i 'godi'r hen wlad yn ei hôl'. Ceiriog yw prifardd adwaith y Gymru glwyfus i sarhad 1847, a chan fod yr adwaith hwnnw wedi esgor ar agweddau 'amddiffynnol' a oedd i erydu Cymreictod a dwyn yn nes argyfwng ein cyfnod ni, y mae i gerddi Ceiriog arwyddocâd na all eu mynych gloffni mydryddol mo'i ddirymu. Mae cerddi serch Ceiriog, ynghyd â'i gonsurio hiraethlon o ddeniadau gwladaidd 'Gwalia Wen' ynghanol mwrllwch Manceinion a'i ble gyson dros warantu iddi ran imperialaidd teilwng ar sail ei hen hanes yn hawlio iddo le amlwg ymhlith y rhai a fynnai wared 'Cymru Dlawd' o'i gwae.

'Ceiriog 1832–1887', *Y Faner,* 17 Ebrill 1987 (t.5)

[Yn Eisteddfod Genedlaethol Rhydaman 1922] traethodd G. J. Williams ar 'Yr Eisteddfod a'r Orsedd'. Chwalodd ei seiliau 'hanesyddol', fel y gweddai i ysgolhaig wneud, a chan nad oedd ganddo'r mo'r dychymyg i ganfod ei gwerth symbolaidd lladdodd ar ei chwacyddiaeth gan wadu i'r rhai a'i harddelai uwch statws na thwrch daear: 'Nid ydynt yn feirdd; nid ydynt yn feirniaid llenyddol; ni wyddant ryw lawer am hanes Cymru a llai fyth am hanes ein llên. Nid ychwanegant at werth ein llên. Nid ydynt namyn aelodau di-fudd o sefydliad a sylfaenwyd ar dwyll ac a gynhaliwyd gan ryfyg ac anwybodaeth ... Os y sefydliad hwn a benderfyna dynged llenyddiaeth yng Nghymru, gwae hi o'i thynged'. Ni ellid academi o'r Orsedd a heb academi, heb ddim.

Yn y *Western Mail* eglurodd W. J. Gruffydd ei fod yn ei gwrthwynebu 'because I am honestly convinced not only that it has not helped the national culture and the literature of Wales, but that it has always been a very serious hindrance, and is likely to continue a hindrance ...' Nid oedd yr un bardd na llenor cyfoes o bwys yn ddyledus i'r Orsedd am ddim a'u gwnaethant yn ysgrifenwyr rhagorach a chan fod ei gafael ar brif sefydliad diwylliannol y Cymry yn barlysol, mater o reidrwydd cenedlaethol oedd eu bwrw heibio ... Dim ond o dderbyn fod collfarnwyr fel Gruffydd a G. J. Williams yn lladd ar yr Orsedd er mwyn tynnu sylw at ddiffygion llên Cymru y gellir dygymod â'u gor-ddifrifwch apocalyptaidd.

'Y Brifwyl yn y Cwm', *Cwm Aman* (Cyfres y Cymoedd), (tt.290–1)

O'r chwith: Yr Athro Geraint H. Jenkins (Cyfarwyddwr y Ganolfan Uwchefrydiau Cymreig a Cheltaidd), Yr Athro Derec Llwyd Morgan (Is-ganghellor Prifysgol Cymru, Aberystwyth) a Hywel ar achlysur ei urddo'n Gymrawd Prifysgol Cymru, Aberystwyth, Gorffennaf 2001

Hywel a Rona, Gorffennaf 2001

Yn y flwyddyn 2000 fe gynhaliodd y Ffatri Ymchwil – dyna beth oedd Hywel yn galw'r Ganolfan Geltaidd drws nesaf i'r Llyfrgell Genedlaethol – gynhadledd ryngwladol fawr i ddathlu'r mileniwm. Ac fe wahoddwyd Hywel i fod yn un o'r siaradwyr. A phan ges i deitl ei ddarlith, ro'n i'n gwybod y bydde fe, siŵr o fod, ar gefn ei geffyl, achos y teitl oedd 'Llef dros y Ganrif Fwyaf', pìn yn swigen Saunders Lewis wrth reswm, ond hefyd cerydd i'r Adrannau Cymraeg yn y Brifysgol, am ymguddio mewn *bunker* canoloesol, ac anwybyddu oes pan oedd y boblogaeth bum gwaith yn fwy, a phan oedd y wasg Gymraeg yn arllwys pob math o gyhoeddiadau gwerinol, difyr, pryfoclyd gerbron llawer iawn o filoedd o ddarllenwyr.

'Hywel Teifi yr Ysgolhaig' gan yr Athro Geraint H. Jenkins: darlith a draddodwyd yn y Drwm, Llyfrgell Genedlaethol Cymru, ym mis Ionawr 2010

Ym 1910, fodd bynnag, taerai W.J. Gruffydd fod bywyd cenedlaethol Cymru'n rhy bwdwr i gynhyrchu dramodydd uchelryw. Roedd angen halen dychan yn gyntaf i buro'r wlad rhag 'fân ganonau y "pinky-dinkies" neis, neis, sydd mor feirniadol heddyw. Fe gyfyd y ddrama ar fedd y cwac a'r anwybodus, – ardderchog o wrtaith iddi fydd eu llwch.'

Wythnos yn Hanes y Ddrama yng Nghymru (t.8)

'Y Ganrif Fwyaf'

Rhoesom ein collfarn arni
A'n sen ar ei rhodres hi,
A'n rhan fu gwatwar o hyd
Ei hawdlau cloff a rhydlyd.
Gwae iaith chwyddedig ei gwŷr,
Gwae hwythau ei beirdd-bregethwyr.

Hyglyw oedd ei hunan-glod
A dwndwr ei Phrydeindod,
A'i hynfydus steddfodau
Yn drwch o wladgarwch gau.
Un wlad orseddol ydoedd;
Hon a'i barddas, syrcas oedd.

Rhoesom ein collfarn arni,
Ac o'r co' ei halltudio hi,
A chael drwy goleg a chwaeth
Nodded mewn gwir lenyddiaeth,
A thyfu i brydyddu'n braff
Â gwirgrefft mewn gwiw orgraff.

Yna storm. Cyrhaeddaist ti
I ddiawlio'r cyfryw ddwli
A'n galw, bawb o'n gŵyl bob ha'
I Ŵyl ryfeddol Gwalia;
Â'i hanes ein dihuno
A chwalu'r cen uwchlaw'r co'.

Hon ganrif a'n barn arni,
Ein hwyl a'i stomp 'welaist ti,
A chlais ei Llyfrau Gleision
Yma ar wedd y Gymru hon,
A dwndwr ei Phrydeindod
Yn un baich yn nwfn ein bod.

Er bod ein collfarn arni,
Mynnu wnest mai ei phlant ŷm ni –
Ni yw llwyth ei chôr a'i llên,
Lluoedd ei phwll a'i hawen;
Epil ŷm i gapel hon,
Ac i glwb ei beirdd gwlybion!

Peredur Lynch

Cawr i'w Genedl (t.xiii)

***

Gorsedd y Beirdd, Eisteddfod Genedlaethol Lerpwl, 1884 (Casgliad John Thomas, Llyfrgell Genedlaethol Cymru)

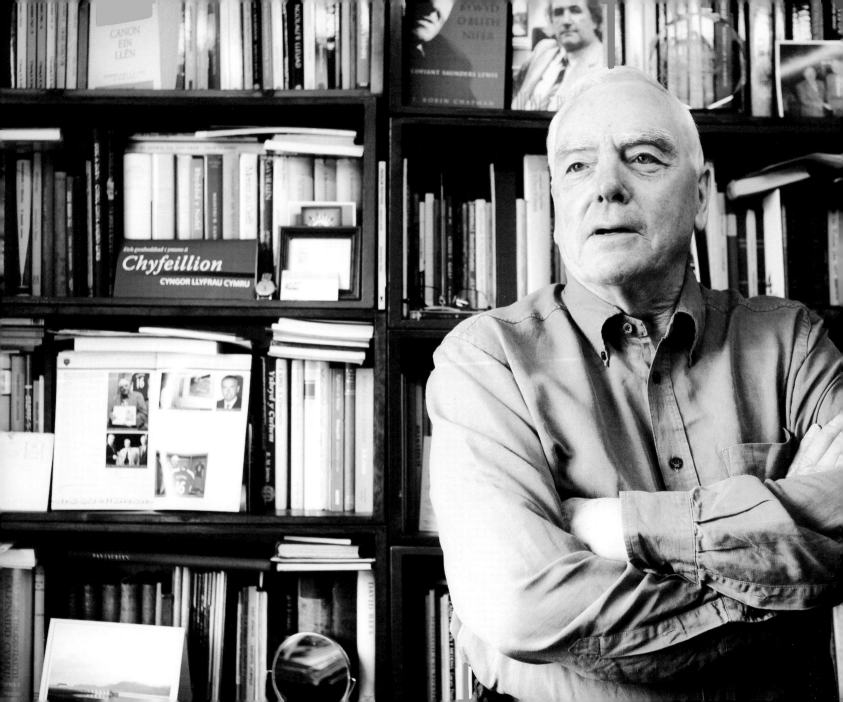

Achos, yn y Gymry Gymraeg hon ma' dyn yn ysgrifennu ynddi, does gydag e ddim syniad pwy sy'n darllen, na faint sy'n darllen. A dweud y gwir, falle ei bod hi'n well ein bod ni ddim yn holi'r cwestiwn, ond ein bod ni'n ysgrifennu mewn ffydd, gan obeithio bod 'na gynulleidfa, rywbryd eto, sy'n mynd i dyfu. Ond dwi'n gweld dim byd o le o gwbwl ar ddweud pethe, hynny yw, os yw dyn yn dweud pethe ar 'i gyfer, ac sy'n gamarweiniol, wel mae e'n byw yn y gobaith bod rhywun yn mynd i godi i anghytuno ag e. Hynny yw, beth yw diwylliant wedi'r cyfan ond rhyw glwm o densiynau? Does 'na ddim diwylliant gwerth arian o gwbwl os nad oes ynddo fe densiynau, pobol yn tynnu'n groes, ac yn camfarnu, falle, ac yn blagardio. Diawl, dwi o blaid hynna.

O'r ffilm _Hywel Teifi_ gan Apollo, 2008

Gwyddai Pantycelyn ei fod yn pererindota tua'r goleuni; ni wyddai Parry-Williams a oedd ystyr i'r cwestiynau a'i poenai, chwaethach atebion iddynt. Truan ydoedd ef na châi 'ond rhyw hanner cip unwaith yn y pedwar amser ar rywbeth tebyg i fyd ysbrydol ...' Ar goll mewn 'Cwmwl Haf' holodd Waldo Williams 'waelod pob gofyn – Pwy yw hwn?' a chafodd fracso yn llif nant y mynydd yn ôl at sŵn clocs ei fam ar lawr y gegin yn seinio sicrwydd nef newydd a daear newydd iddo. Ni chafodd Parry-Williams fyth glywed seiniau sicrwydd tebyg, dim hyd yn oed yn Rhyd-ddu ei ddyheadau dyfnaf.

Pantycelyn a Parry-Williams: Y Pererin a'r Tramp (t.6)

Hywel yn un o awduron Rhestr Fer Llyfr y Flwyddyn 1995 gydag _Arwr Glew Erwau'r Glo_. Hefyd yn y llun mae Robin Llywelyn, awdur _O'r Harbwr Gwag i'r Cefnfor Gwyn_, ac enillydd y gystadleuaeth, Aled Islwyn, gydag _Unigolion, Unigeddau_

Cymanfa fawr o wahanol ieithoedd yw'n llenyddiaeth ni. Mae'n hollbwysig inni arddel yr holl gyweiriau yma ... Does dim yn waeth gen i na gweld niwtraleiddio iaith.

O'i sgwrs yng Nghyfarfod Blynyddol Cyfeillion y Cyngor Llyfrau, Hydref 2008

M. Wynn Thomas, Llywydd Cyngor Llyfrau Cymru, yn cyflwyno cyfrol yn rhodd i Hywel yng Nghyfarfod Blynyddol Cyfeillion y Cyngor Llyfrau, Hydref 2008

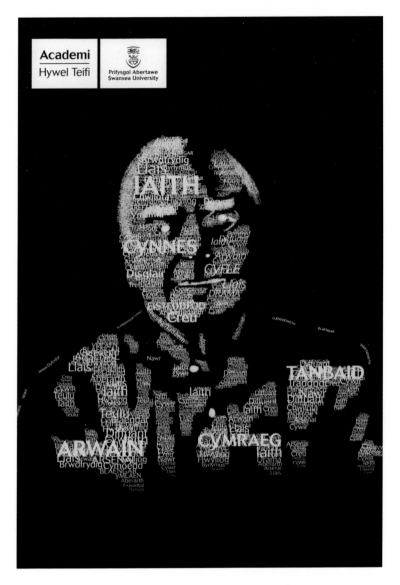

Y mae Academi Hywel Teifi yn sefydliad arbennig iawn a ffurfiwyd yn 2010 er cof am gyn-Athro Cymraeg y brifysgol, yr Athro Hywel Teifi Edwards. Treuliodd Hywel Teifi ei yrfa academaidd ym mhrifysgol Abertawe, a sefydlwyd yr Academi gan y brifysgol i ddathlu ei gyfraniad unigryw fel athro, ysgolhaig, darlledwr, gwleidydd, amddiffynnwr a hyrwyddwr yr iaith Gymraeg, a chefnogwr brwd pob dysgwr Cymraeg

Llyfryn Academi Hywel Teifi, Prifysgol Abertawe

Mae'r cyfrolau hynny adawyd ar ei ôl yn siarad cyfrolau, ac yn dweud y gwir plaen amdano, pob gair, na fynnai ef ei hun byth mo'i arddel. Dyma gorff o waith sydd mor solet, mor fywiog, mor ffraeth o dreiddgar ac mor huawdl â'r awdur digymar ei hun.

'Proffwyd y Gorffennol' gan M. Wynn Thomas, *Barn*, Chwefror 2010 (t.30)

Yr wyf o'r farn fod Hywel yn ysgolhaig gwirioneddol fawr – efallai y mwyaf a welwyd yn Adrannau Cymraeg Prifysgol Cymru erioed. Dweud go fawr, meddech chi, ac mi alla i glywed Hywel ei hunan yn dweud nawr, 'Paid â wilia!'

'Hywel Teifi yr Ysgolhaig' gan yr Athro Geraint H. Jenkins: darlith a draddodwyd yn y Drwm, Llyfrgell Genedlaethol Cymru, ym mis Ionawr 2010

Gwleidydd

Roedd ei genedl, ei phobl a'i hiaith yn anadl einioes i Hywel. Gweithredodd fel ymgeisydd seneddol, cynghorydd sir a chymuned. Traethai heb flewyn ar dafod ym mhrotestiadau Cymdeithas yr Iaith ac, fel cynghorydd yng Nghyngor Sir Dyfed, fe fu'n ymgyrchydd tanbaid dros Blaid Cymru. Ym 1983 ac ym 1987 fe safodd fel ymgeisydd Plaid Cymru ar gyfer San Steffan. Yn ei daflen gyhoeddusrwydd, fe'i disgrifiwyd fel hyn: 'Mae ganddo bersonoliaeth gadarn a hoffus, llais sy'n taranu fel Nye Bevan neu sy'n gallu hudo fel Lloyd George. Pan mae e'n siarad, mae pawb yn gorfod gwrando.'

Un bore, pan oedd ymgyrch etholiadol sir Gaerfyrddin yn ei hanterth, digwyddais fod yn gyrru ar hyd y ffordd yn ymyl fy nghartref ym Mhorth Tywyn, pan ddeuthum wyneb yn wyneb â *steamroller* Cyngor Sir Caerfyrddin. Y mae *steamroller* yn beiriant i'w osgoi os yn bosib, os nad ydych am gael eich gwasgu'n fflat. Ond beth oedd yn ychwanegu at fygythiad y peiriant hwn oedd bod llun anferth o ymgeisydd Plaid Cymru, neb llai na Hywel Teifi Edwards, wedi ei sodro ar ei du blaen! A dyna fwy o reswm fyth dros fynd o'r neilltu.

Meirion Evans mewn Cyfarfod Teyrnged i Hywel yn y Babell Lên, Eisteddfod Genedlaethol Ceredigion, Aberystwyth, 1992

Gyda Dafydd Wigley a Dafydd Elis-Thomas, yn arwain gorymdaith drwy Gaerdydd ar ddiwrnod Rali Deddf yr Iaith, Hydref 1991

Hywel yn areithio yn rali Cymdeithas yr Iaith Gymraeg ar risiau'r Senedd yng Nghaerdydd, 16 Mai 2009

Estyn dwylo dros y Môr Celtaidd yn y 1980au: (o'r chwith) Ieuan Wyn Jones AS, Dafydd Elis-Thomas AS, Hywel Teifi, Taoiseach Gweriniaeth Iwerddon Charles Haughey, Dafydd Wigley AS, a Karl Davies (a ddaeth yn ddiweddarach yn Brif Weithredwr Plaid Cymru)

Boed i bawb ohonom a deimlodd i'r byw gywilydd Dygwyl Ddewi eleni gofio un peth a dal ato'n obeithlon. Y mae chwarter miliwn sydd am weld Cymru'n ysgwyddo baich y fraint o fod yn genedl go iawn a chanddi ei sefydliadau llywodraethol ei hun i roi cyfeiriad adnewyddol i'w dyfodol. Y mae chwarter miliwn yn ffigwr go sylweddol. Bydd chwarter miliwn sy'n *credu* mewn achos ac sy'n bwriadu dyfalbarhau yn amgenach grym yn y pen draw na miliwn o negyddwyr a unwyd dros dro gan ofn, taeogrwydd a thwpdra.

'Priswyr y Genedl', *Y Faner*, 16 Mawrth 1979 (t.5)

Mae brwydrau, wrth gwrs, o'n blaenau. Diolch i 'gefnogwyr' y Blaid Lafur daw Mrs. Thatcher i'w theyrnas mewn dim o dro. Nid oes eisiau bod yn broffwyd i ragweld beth a olyga hynny i Gymru. Ac i'r Swyddfa Gymreig fe ddaw Nicholas Edwards a Wyn Roberts, efallai, i'n cynnal a'n cadw - yn doeslyd ufudd fel eu hunain - ac i'w sicrhau mai'n braint a'n bendith fydd cael eu gwylio hwy'n hyrwyddo'r 'British nation' ar draul ein Cymreictod. Gallaf glywed Mr Roberts nawr yn esbonio mor rhesymol pam na fedr ei feistres weld ei ffordd yn glir ar hyn o bryd i roi'r Bedwaredd Sianel at iws y Gymraeg. Ond chwarae teg iddynt, fe fyddant o leiaf yn gyson â'u Torïaeth. Lloegr, wedi'r cyfan, yw eu gwlad hwy.

'Priswyr y Genedl', *Y Faner*, 16 Mawrth 1979 (t.5)

Y Faner Chwefror 16 1979

PRISWYR Y GENEDL

medd

Hywel Teifi Edwards

Hywel Teifi Edwards

Dywedais y tro diwethaf nad ystrydebu dwl, di-fudd yw sôn byth a hefyd am ein diffyg hunan-barch a'n taeogrwydd. Bellach, ar ôl mis o ddarllen, gwrando a gwylio'r "achos yn erbyn" Datganoli, 'rwy'n sicrach o hynny nag erioed. Bu clywed cydwladwyr yn gwneud môr a mynydd o geiniogau wrth gyfrif pris ein hychydig ryddid yn brofiad atgas — nid nad oedd iddo'i ochr chwerw-ddigrif o ystyried bod y mwyafrif ôhonynt yn Dorïaid ac yn falch i arddel Plaid a chanddi record nodedig o wario'n ffri ar ddwyn oddi wrth wledydd eraill eu rhyddid a'u heiddo.

Cymanfa o negyddwyr

Mewn difrif, beth sydd i'w ddweud wrth Gymry nad oes yr un "ddadl" yn rhy gwrs ganddynt i'w defnyddio er mwyn sicrhau parhad ein hisraddolder? Mae'r pris i'r rhain yn rhy uchel! Druan o Waldo a fynnai fod rhaid inni "hawlio'r preswyl heb holi'r pris". Beth a dalai ei argyhoeddiad yn wyneb *doethineb* Wilf

40% yn y Refferendwm dyweder—i'r Cymry hynny nad ydynt am weld eu cenedl yn dechrau ymsythu wedi canrifoedd o waseidd-dra. Ai balch fyddwn o'u gweld yn ffoi rhag eu cyfrifoldeb ac o'u clywed yn datgan yn agored na ellid ymddiried gofal eu gwlad iddynt hwy am fod eu diffygion moesol yn ddirwymedi? Neu a ddown o hyd i ronyn o gywilydd wrth weld fy mod yn llwyddo i'w hargyhoeddi eu bod wrth natur yn israddol ac yn dibynnu fel erioed am arweiniad o'r tu allan? Mae'n debyg y dibynnai f'ymateb ar fy ngallu i gydnabod fod taeogrwydd yn gyflwr dynol hanfodol anfoesol, a'i fod o'r herwydd yn ddrwg i'w garthu o bob cymdeithas wâr.

Yr Eisteddfod ddoe — Y Cynulliad heddiw

Pan sefydlwyd yr Eisteddfod Genedlaethol 60au'r ganrif ddiwethaf ymosododd y Wasg Saesneg arni'n ffyrnig am eu bod yn ofni y byddai'n fagwrfa

Etholwyd Hywel Teifi Edwards i gynrychioli Llangennech yn enw Plaid Cymru ar Gyngor Sir Dyfed yn 1977

Dyletswydd i ryw radde [yw ymroi i wleidydda], a falle fel wede rhywun, gormod o gachgi i fod yn gachgi. Ond rhyw deimlo, dwi'n meddwl, yn y saithdege, nag o'dd 'na fawr o bwynt arddel syniade a'u cyhoeddi nhw hwnt ac yma oni bai bod rhywun yn trio'u troi nhw yn *rhyw* fath o weithredoedd. Dwi'n digwydd bod yn credu, yntefe, yn gryf iawn, iawn, y bydd pethe'n gwella o safbwynt ein sefyllfa ni yng Nghymru pan fydd mwy o Bleidwyr ar ein cynghore ni – mawr a bach – ledled Cymru ... Rhaid i fi weud mai rhyw fath o *reluctant conscript* o'n i – dim pwynt esgus nage fe, ond mi es i yn aelod o Gyngor Sir Dyfed yn saith deg saith, ac fe rois i'r gore iddi 'leni am mai dyna'r cyngor o'n i wedi'i ga'l. Ond yn ystod y cyfnod hwnnw, yn trin a thrafod pethe ar Gyngor Dyfed, fe ddysges bob math o bethe, ac fe wnes gyfeillion â llawer iawn o bobol, pobol nad oedd yn arddel yr un syniade â fi, a gweud y gwir, yn meddwl fod fy syniade i yn gwbwl wallgo, ond o'n ni'n gallu cytuno i anghytuno yn gwbwl gyfeillgar, a sylweddoli yn glir iawn, iawn wrth geisio gneud rhywbeth ar Gyngor o'r natur yna mor gwbwl ddiamddiffyn yw Cymru mewn ystyr boliticaidd.

O'r rhaglen *Beti a'i Phobol*, Awst 1989

Cyngor Sir Dyfed 1977–81; gwelir Hywel ar y dde yn y rhes uchaf ond un

Fe ddois i'w nabod yn dda [Marie James] yn 1977 pan es i gynrychioli Llangennech yn enw Plaid Cymru ar Gyngor Sir Dyfed. Roedd hi wrthi eisoes er 1974 ac yn amlwg yn fawr ei pharch ac yn hoff gan bawb waeth beth am anghytundebau gwleidyddol. Roedd diffuantrwydd ei Chymreictod mor amlwg – mor ddidramgwydd o amlwg – ac fe wyddai pawb fod Marie yn weithreg. Er ei bod hi, chwedl Dic Jones, fel petai'n tynnu ana'l ar ddydd Llun a'i gollwng allan ar ddydd Gwener, fe wyddai pawb nad clebren oedd hi. Ystyr gweithio dros Gymru i Marie oedd gweithio dros y bobol a gynrychiolai, a gweithio ar gynifer o ffrynts nes peri meddwl fod Marie James, Llangeitho, yn lleng. Petai pob plwyf yng Nghymru wedi cael un Marie James i'w hachlesu byddai tipyn gwell graen ar Gymreictod y dwthwn hwn.

Fe'i clywaf yn glir yn ceisio dal pen rheswm â'r cymeriad mawr ymfflamychol o Rydaman, Howard Cooke, pan fyddwn i ac ef wedi bod yn

Hywel yn dadorchuddio coflech i goffáu Marie James, Llangeitho, ar wal Capel Llwynpiod, 2005. O'r chwith: Cynog Dafis, Elin Jones, Simon Thomas, a merch Marie, y Parchedig Meima Morse

dannod ein hachau i'n gilydd ar gownt y Gymraeg.

'Mr Cooke bach, if I could have you in Llangeitho for a weekend I would change your mind completely.'

'Mrs Marie James, I wouldn't risk a weekend with you in Ammanford let alone Llangeitho.'

Y Siambr yn chwalfa o wherthin a wherthin Marie yn uwch na phawb.

'Marie James, 1919–1995', *Barn*, Tachwedd 1995 (t.8)

Gwnaeth Plaid Cymru ffafr â hi ei hun wrth ei ddewis yn ymgeisydd yng Nghaerfyrddin pa bryd bynnag bydd yr etholiad. Mae'n anodd falle i neb broffwydo'r canlyniad, ond bydd yn rhaid i bob plaid gydnabod a wynebu'r gwir nad yw'n bosibl i'r un ohonynt gael cymeriad mwy diledryw a Chymro mwy ymgysegredig na Hywel Teifi Edwards.

'Sylwadau'r Mis', *Barn*, Awst 1984 (t.270)

EICH YMGEISYDD

Tiwtor Addysg Oedolion, Coleg Prif-ysgol Abertawe. Mae ei wraig yn athrawes ac mae ganddynt ddau o blant. Bu'n cynrychioli Llangennech a'r Bryn ar Gyngor Sir Dyfed er 1977. Mae hefyd yn aelod o Gyngor Cymun-ed Llangennech. Mae'n adnabyddus iawn fel darlledwr, darlithydd ac awdur Cymraeg. Mae'n 48 oed.

YOUR CANDIDATE

A Senior Tutor in Adult Education, University College Swansea. He is married to a teacher and they have two children. He has represented Llangennech and Bryn on Dyfed County Council since 1977. He is also a member of Llangennech Community Council. He is a well know broadcaster, lecturer and author in Welsh. He is 48.

Cyhoeddwyd gan Dyfrig Thomas, 17 Heol y Farchnad, Llanelli.
Argraffwyd gan W. Whittington Cyf., Castell Nedd.

HYWEL TEIFI EDWARDS
Plaid Cymru

Hywel yn ystod ymgyrch gyhoeddusrwydd 'Dal gafael ar Gymru /
Get a grip' Plaid Cymru; cynhaliwyd y cyfarfod yn Ysgol Maridunum,
Caerfyrddin, ar 27 Mawrth 1987

Cerdyn Dafydd Wigley yn cefnogi Hywel fel
ymgeisydd dros Blaid Cymru yn etholaeth
Caerfyrddin, Etholiad Cyffredinol 11 Mehefin 1987

Mi roedd hi'n anferth o siom i fi [dod yn drydydd yng
Nghaerfyrddin yn Etholiad Cyffredinol 1987], yn enwedig
y ffaith 'mod i'n dod yn drydydd i Dori, a oedd wedi briwo
cyment – y parti o'dd e'n gynrychioli – sy wedi briwo cyment
ar ein bywyd ni. Ma' hwnna'n ddiflastod ened i fi, dim pwynt
i fi esgus *nag* oedd e. Ac fe fydden i wedi rhoi cryn lawer am
allu adennill Caerfyrddin, a pharhau'r gwaith syfrdanol yr
oedd Gwynfor Evans wedi'i gyflawni yn ystod 'i dymor *e* yn y
Senedd. Ond doedd hi ddim i fod.

O'r rhaglen *Beti a'i Phobol*, Awst 1989

Y mae gan Gadeirydd y Bwrdd, gyfle gwych i ddweud wrth y
genedl nad bywyd yn ôl John Redwood yw'r bywyd y mae ef yn
ei chwennych i'r Gymraeg. Beth am weud rhywbeth clir, di-lol
y bydd pawb yn ei ddeall? Beth am brotestio yn erbyn dirmyg
Redwood at y Gymraeg – gan gofio na fyddai yng Nghymru o
gwbl oni bai fod John Major am ddangos ei ddirmyg at 'fastard'
adweithiol, trahaus y mae wedi gorfod ei dderbyn i'w Gabinet
am ei fod yn wleidydd gwan.

**'Cyfle i Herio Redwood', *Golwg*, 13 Ionawr 1994 (Llythyr protest
gan Hywel Teifi wythnos cyn i Gadeirydd Bwrdd yr Iaith ar y pryd
draddodi'r Ddarlith Flynyddol) (t.5)**

Geiriau hallt yn cael eu cyfnewid gan y ddau ymgeisydd yn dilyn cyhoeddi canlyniad Etholiad Cyffredinol 11 Mehefin 1987 ar gyfer etholaeth Caerfyrddin. Ar y chwith mae Alan Williams, yr ymgeisydd Llafur llwyddiannus

Eisteddfodwr

Derbyn aelodau newydd i'r Orsedd yn Eisteddfod Genedlaethol Rhydaman, 1970

Pan ddychwelodd y Brifwyl i Rydaman yn 1970 yr oedd hinsawdd diwylliannol Cymru wedi cyffroadau'r 60au yn bopeth ond tymherus. Wedi darlith 'Tynged yr Iaith' Saunders Lewis yn 1962 a sefydlu Cymdeithas yr Iaith; wedi boddi Cwm Tryweryn; wedi buddugoliaeth Gwynfor Evans dros Blaid Cymru yn is-etholiad haf 1966; wedi'r Arwisgiad ac achos Byddin Rhyddid Cymru; wedi ymgyrch fomio John Jenkins, ar ôl y cyfan hyn byddai disgwyl i'r Brifwyl ddal ati'n dalog i gymodi'r genedl ranedig 'â'i theg orffennol hi' yn ystod wythnos o Gymreica di-ffin, di-bryder yn disgwyl tipyn mwy na gormod. Yr oedd hi'n amlwg i'r sawl a chanddo'r diddordeb lleiaf yn nyfodol Cymru fod cyfnod o ryfela wrth law. Roedd canran Cymry Cymraeg 'Shir Gâr' wedi gostwng i 66.5% erbyn Cyfrifiad 1971 ac roedd rhybudd yng ngeiriau Elfyn Talfan Davies, Is-gadeirydd y Pwyllgor Gwaith, wrth groesawu Prifwyl 1970:

'Y mae'r dre a'r cylch yn dal yn bur Gymraeg ar y cyfan, ond da fydd inni gael yr Eisteddfod i'n plith i ddal y blaenllif Saesneg yn ôl.' At hynny, ni wnaeth ymosodiad UCAC yn ystod wythnos y Brifwyl ar ddibristod honedig Ysgol Gyfun Rhydaman o bolisi iaith Awdurdod Addysg Sir Gaerfyrddin rhyw lawer i dawelu ofnau.

Dwysawyd yr hinsawdd gan farw ffigyrau cenedlaethol yr oedd eu colli fel petai'n miniocáu'r ymwybod ag argyfwng – R. T. Jenkins, Ifan ab Owen Edwards, J. E. Jones, Cynan, D. J. Williams, J. R. Jones, Trefor Morgan, T. I. Ellis ac yn wythnos y Brifwyl ei hun – Alun Ogwen Williams ... Yng nghyfarfodydd coffa Cynan, D. J. Williams, J. R. Jones a Gwenallt (a fuasai farw yn 1968) ym Mhrifwyl 1970, roedd 'ias yr ofn' yn gymhleth â'r gwrogaethau.

'Y Brifwyl yn y Cwm', *Cwm Aman* **(Cyfres y Cymoedd), (tt.295–6)**

Maes yr Eisteddfod, 1970

D. J. Williams

Yn fy nychymyg, rwyf wedi bod droeon ym mhrifwyl 1895 pan goronwyd Llew Llwyfo, un o arch-eisteddfodwyr oes Victoria, yn 'The Welsh Crystal Palace' (yr hen farchnad) a eisteddai deunaw mil o bobol. Rwyf wedi clywed â chlust y dychymyg y tenor chwedlonol hwnnw, Todd Jones, yn canu 'Waft her angels' yn fuddugoliaethus yn 1903, a Chôr Mawr Ystalyfera … yn trechu Côr Pontarddulais o un pwynt gerbron torf o ugain mil yn y brif gystadleuaeth gorawl yn 1930 … Ac yn 1962 rown i yno, yn y cnawd, i weld cadeirio Caradog Pritchard … Ac o nodi balchderau, nid wyf yn falchach o ddim na gallu dweud fy mod i ym mhafiliwn Prifwyl 2000 pan ddaeth Gwynfor Evans i'r llwyfan i dderbyn gan yr Archdderwydd Meirion 'Y Lleuadydd Cymraeg' – tlws nodedig … i gydnabod oes o ymroddiad 'Er mwyn Cymru' … Yn holl hanes y brifwyl ni wnaed erioed well defnydd o'i llwyfan i nerthu'r ewyllys genedlaethol nag a wnaed gan Gwynfor Evans yn y flwyddyn 2000 – ac mae'r brifwyl yn bod i nerthu'r ewyllys honno yn anad dim.

'Edrych yn ôl ar Eisteddfod Genedlaethol Llanelli a'r Cylch, 2000', **Amrywiaeth Llanelli Miscellany (t.52)**

Caradog Prichard – bardd y Gadair yn Eisteddfod Genedlaethol Llanelli, 1962

Yn Eisteddfod Genedlaethol Aberteifi 1976, ar achlysur dathlu wyth canmlwyddiant yr eisteddfod gyntaf a gynhaliwyd yn nhref Aberteifi dan nawdd yr Arglwydd Rhys yn 1176, ni chadeiriwyd Dic Jones am ei awdl i'r 'Gwanwyn' er mai ef ddaeth i'r brig, a hynny gan iddo dorri un o'r rheolau oedd yn bodoli ar y pryd.

[H]wyrach nad hud, yn ystyr ddiogel y gair, a oedd ar Ddyfed. Hwyrach mai 'dieflig hud' ydoedd neu, a defnyddio'r hen ymadrodd sinistr o'r *Mabinogion*, hwyrach mai ysbryd disberod rhyw gystadleuydd a gafodd gam yn 1176 a oedd wedi 'taro cis' ar Ddyfed, ddechrau Awst 1976. Beth bynnag am resymau, fe ddigwyddodd nifer o bethau od, od o gomic ac od o od, yn Aberteifi eleni, pethau a gryfhaodd fy nghred i yn 'niawlineb' cynhenid yr Eisteddfod, hynny yw, yn ei gallu i'w benthyg ei hun i letchwithdodau a phenwendidau lloriol pan fynn. Caiff sbeliau hir o 'ddiawlineb' a 'does dim dal beth a wna wedyn. Cwbwl nodweddiadol ohoni oedd iddi ddewis cael pwl gwaeth na'i gilydd ar adeg arbennig yn ei hanes pan oedd ei charedigion am iddi fod ar ei gorau er mwyn iddynt hwy gael mwynhau'r pleser o wneud yn fawr ohoni. 'Dyw hi byth yn barod i neb ei chymryd yn ganiataol.

'Y dathlu mawr', *Barn*, Medi 1976 (t.284)

Dim ond yr Archdderwydd allai gyhoeddi'r gwir

Yr Archdderwydd, fel pennaeth Gorsedd y Beirdd, oedd a'r awdurdod i wneud y datganiad hanesyddol ynglŷn â'r penderfyniad am y Gadair yn y seremoni ddydd Iau.

Pwysleisiwyd hyn gan dri o swyddogion yn cynrychioli'r Cyngor, y Llys a'r Orsedd yn dilyn cwynion gan rai Eisteddfodwyr y dylai'r beirniad a draddododd y feirniadaeth fod wedi dweud ar y dechrau i'r bardd a ddyfarnwyd yn fuddugol ganddo ef a'i gyd-feirniaid dorri un o'r rheolau.

Mewn datganiad swyddogol i'r CYMRO dywedodd y Cofiadur Gwyndaf, yr Athro Idris Foster, Llywydd y Llys, a'r Dr. Emyr Wyn Jones, Cadeirydd y Cyngor, "Awr cyn y seremoni y derbyniodd yr Archdderwydd gan y Cofiadur y datganiad a gyhoeddwyd yn dilyn y feirniadaeth, datganiad y cytunwyd arno ar ôl trafodaeth rhwng Llywydd y Llys, Cadeirydd y Cyngor, Ysgrifennydd y Cyngor, y Cofiadur a Chadeirydd y Pwyllgor Gwaith".

CADARNHAU

Cadarnhawyd ... yn gan yr Archdder ... dd Bryn, a ddywed ... id- ... o ... yr ar ... ch- ... dau ... yd- ... ... y

beirniadu'n unig oedd swydd y beirniaid. Nid oeddynt i wybod fod y rheol arbennig wedi ei thorri, na phwy oedd awdur unrhyw awdl.

DIM YMYRRYD

Gwaith y Cyngor oedd chwilio'r ffeithiau ynglŷn â thorri'r rheol yn y cyswllt hwn. Sicrhau nad oedd y beirdd wedi torri unrhyw reol farddol oedd gwaith y beirniaid.

Ychwanegodd Gwyndaf nad ei le ef, na swyddogion y Llys a'r Cyngor oedd ymyrryd ar y feirniadaeth, ac ni wnaed hyn mewn unrhyw fodd.

Esboniodd y ... r. E ... wyr Wyn Jo ... s, L ... wydd y Cyngo ... d ... de ... rw ... n ... y

ter, i Dic Jones gael ei ddi-arddel o'r gystadleuaeth, felly ni ystyriwyd ei awdl yn un ddilys.

Ar gynnig Alan Llwyd o gyflwyno'r Gadair i'r Llyfrgell Genedlaethol pe cai'r hawl i gystadlu eto dywedodd yr Athro Foster nad oedd y mater hwnnw mor glir.

Fel Llywydd Cyngor y Llyfrgell buasai ef yn croesawu cynnig Alan, ond ar fater cael hawl i gystadlu eto byddai'n rhaid i Gyngor yr Eisteddfod ei ystyried, ac yr oedd pwyllgor ar hyn o bryd yn adolygu'r rheolau cystadlu, ac nid oherwydd y digwyddiad hwn.

Mynegodd yr A ... Fost ... ef ei b ... ... rin ... a ... y

Y Cymro, 10 Awst 1976

Bydd imi bleser parhaol yn f'atgofion am rai o ddigwyddiadau Eisteddfod Genedlaethol 1979. Y cyntaf a'r pennaf ohonynt yw'r cof am lawenydd Côr Aelwyd yr Hendy ar ôl iddynt ennill y Cwpan yn y gystadleuaeth i Gorau dan 16. Gadawsant yr Hendy yn blygeiniol ar fore dydd Mawrth glawog a digalon. Cawsant gwmni'r glaw bob cam o'r ffordd i Gaernarfon. A chawsant fuddugoliaeth cyn diwedd y dydd. Daeth eu buddugoliaeth â heulwen y Bahamas i'r Maes ac roeddwn i mor aflywodraethus o falch â'r un ohonynt. Roedd fy merch i yn un o'r Côr. Roddwn *i* yn dad i *National Winner*!

Fe gofiais am y diwrnod penfeddwol hwnnw yn 1945 pan glywais fod fy chwaer wedi ennill ar ganu'r piano yn Eisteddfod Genedlaethol y Rhos. Roeddwn mewn bws Crosville ar y ffordd adre i Aber-arth ar ôl trip i Aberystwyth a byth er hynny bu gen i le cynnes yn fy nghalon i fysys Crosville. Ac ar Faes Eisteddfod Caernarfon eleni fe gefais fod yn grwtyn naw mlwydd oed eto wrth ymuno yn llawenydd Côr Aelwyd yr Hendy, a bydd gen i le cynnes yn fy nghalon bellach i law a phwdel y Cofis. Gwych o beth yw Eisteddfod Genedlaethol!

'Llenwi'r Cof', *Y Faner,* 31 Awst 1979 (t.8)

Dafydd Wigley AS, Llywydd y Dydd yn Eisteddfod Genedlaethol Caernarfon a'r Cylch, 1 Awst 1979

Nid gormodiaith yw dweud mai'r 'Rheol Gymraeg' a gadwodd enaid yr Eisteddfod. Bellach mae hi'n cyflawni'r gorchwyl sy'n deilwng ohoni, sef llwyfannu'n diwylliant amlweddog gerbron y bobl yn yr unig iaith a all roi dyfnder ystyr iddo gan mai hi piau ei ddoe a'i heddiw. Gwir y dywedodd Saunders Lewis ar ôl Eisteddfod stormus Penybont-ar-Ogwr yn 1948 na fedr yr Eisteddfod *achub* yr iaith Gymraeg. Dim ond gweithredu politicaidd a gyflawna'r dasg honno. Ond fe all, ac fe ddylai, gyflawni'r gorchwyl a briodolodd ef iddi, sef 'symbylu gwaith creadigol a gwaith datganol gloyw mewn llenyddiaeth a cherddoriaeth a chelfyddyd, a hefyd osod safon deilwng yn y pethau hyn a datblygu chwaeth y gymdeithas Gymraeg er mwyn harddu ei bywyd hi' … Nid oes sefydliad arall tebyg i'r Eisteddfod. Ein dyletswydd yw ei diogelu fel y gallo'r nifer cynyddol sydd am 'gadw tŷ' gyda ni'r ffodusion, y llu dysgwyr taer sydd am fwynhau'r 'pethe', ddod iddi gan wybod y cânt ynddi brofi 'ias y Gymraeg'. Mae arnom gyfrifoldeb iddynt hwy.

'Parhad yr Eisteddfod Genedlaethol ar ôl 1868', *Yr Eisteddfod: cyfrol ddathlu wythganmlwyddiant yr Eisteddfod* (t.82)

Y Faner, 9 Mawrth 1979

Gorymdaith fawreddog seremoni cyhoeddi Eisteddfod Genedlaethol Aberystwyth, 1952, yng Nghastell Aberystwyth. Gwelir Cynan, yr Archdderwydd yn agos at flaen yr osgordd

Mae'r dadleuon o bobtu sy'n gorchuddio'r Eisteddfod fel cen ar gromlech yn ddigon i ddanto'r dewraf. Er gwaethaf hynny, ymwrolaf a dweud fy mod am i'r Eisteddfod barhau'n sioe foliog, ymledol, stwrllyd pa un a eistedd yn ei hunfan a wna o 1981 ymlaen neu ddal i lusgo'n dindrwm o le i le. Fel rheol, rwy'n elyn anghymodlon i fawrdra ond cyn belled ag yw'r Eisteddfod yn y cwestiwn rwyf gant y cant o blaid slaben o Ŵyl. Duw a ŵyr, mae gennyn gyn lleied o bethau lliwgar, *loud* i orfodi pobl eraill i gydnabod ein bod ni, y Cymry Cymraeg od, ar gael o hyd. Duw a'n gwaredo rhag y pabellwyr tinfain, yr etholedigion gwerinaidd, y puredig lu sy'n rhagweld dyfodol trosgynnol i'r Eisteddfod Genedlaethol mewn 'Bell-tent' rhywle rhwng Llanwrin a Machynlleth. A yw'r Eisteddfod, mewn difri, i ddychwelyd i oes yr Almanaciau? Neu a ydyw i fod eto yr hyn ydoedd tua 1840, chwedl Talhaiarn, namyn *llond gwagenaid* o feirdd a *llond berfa* o ddilynwyr?

'Sul Eisteddfod', *Y Faner*, 6 Gorffennaf 1979 (t.7)

Hywel yn cael ei dderbyn i Urdd Derwydd Gorsedd y Beirdd gan yr Archdderwydd Jâms Niclas yn Eisteddfod Genedlaethol Machynlleth, 1981

Gyda Huw a Rona yn ei wisg wen, 1981

Rwy'n cofio mai yn y Llew Coch, Dinas Mawddwy, Awst 1981, y clywais gyntaf am fwriad Wil Aaron i gynhyrchu'r gyfres *Almanac*. Roeddwn newydd ddychwelyd o faes y Genedlaethol ac yng nghanol miri torf o gyd-eisteddfodwyr fe esboniodd Wil ei fod am gyflwyno cyfres o storïau 'gwir' am ddigwyddiadau hen a diweddar yn hanes Cymru i wylwyr S4C. Byddai'r elfen ddramatig yn y cyflwyno yn holl-bwysig, ond gan y byddai i bob stori sail ddogfennol bwriadai wneud defnydd cynnil o draethydd i gydio'r gwahanol olygfeydd ynghyd. A oedd job o'r fath yn apelio ataf? Wel oedd, wrth gwrs ... gallaf ddweud yn onest 'mod i'n falch i mi gael y cyfle i gyflwyno *Almanac*.

O safbwynt teledu, y mae hanes Cymru yn faes gwyryfol. Y mae'n heidio o storïau sy'n haeddu eu dweud, ac fe brofodd *Almanac*, trwy briodas rhwng gair a llaw camera, fod modd eu dweud mewn ffordd fyw, ddeniadol ... Mae gan bob un ohonynt olau i'w daflu ar ffordd o fyw cymdeithas mewn rhyw gyfnod arbennig yn ein gorffennol ni'r Cymry.

'Rhagair' *Almanac* (gol. Ioan Roberts), (t.6)

Hywel yn lansio'r gyfrol *Almanac* (gol. Ioan Roberts) ar faes Eisteddfod Genedlaethol Llanbedr Pont Steffan, 1984

T. James Jones, Dafydd Rowlands (y darpar Archdderwydd) a Hywel ar y ffordd i gyhoeddi Eisteddfod Genedlaethol Meirion a'r Cyffiniau yn y Bala, 1996

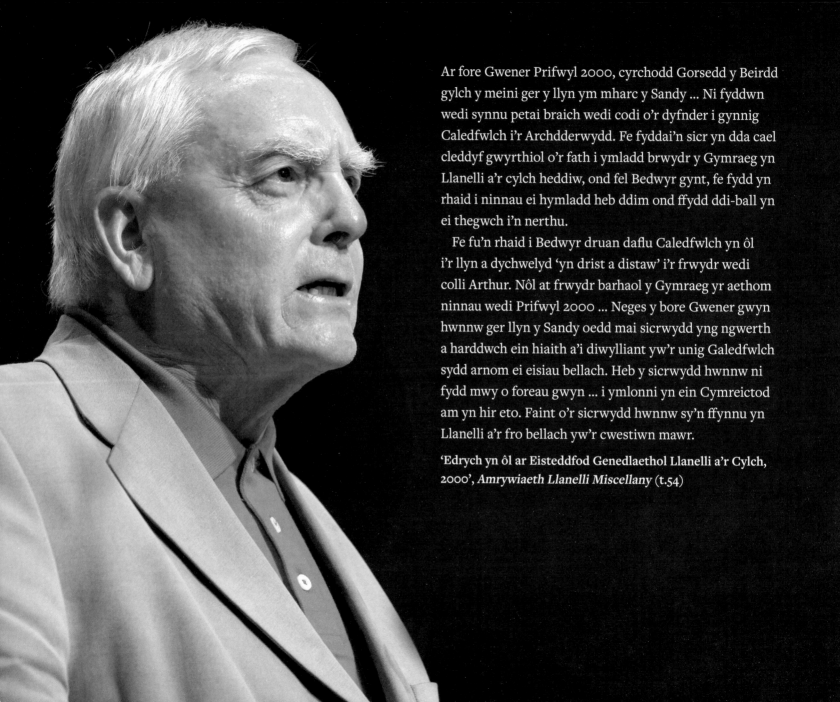

Ar fore Gwener Prifwyl 2000, cyrchodd Gorsedd y Beirdd gylch y meini ger y llyn ym mharc y Sandy ... Ni fyddwn wedi synnu petai braich wedi codi o'r dyfnder i gynnig Caledfwlch i'r Archdderwydd. Fe fyddai'n sicr yn dda cael cleddyf gwyrthiol o'r fath i ymladd brwydr y Gymraeg yn Llanelli a'r cylch heddiw, ond fel Bedwyr gynt, fe fydd yn rhaid i ninnau ei hymladd heb ddim ond ffydd ddi-ball yn ei thegwch i'n nerthu.

Fe fu'n rhaid i Bedwyr druan daflu Caledfwlch yn ôl i'r llyn a dychwelyd 'yn drist a distaw' i'r frwydr wedi colli Arthur. Nôl at frwydr barhaol y Gymraeg yr aethom ninnau wedi Prifwyl 2000 ... Neges y bore Gwener gwyn hwnnw ger llyn y Sandy oedd mai sicrwydd yng ngwerth a harddwch ein hiaith a'i diwylliant yw'r unig Galedfwlch sydd arnom ei eisiau bellach. Heb y sicrwydd hwnnw ni fydd mwy o foreau gwyn ... i ymlonni yn ein Cymreictod am yn hir eto. Faint o'r sicrwydd hwnnw sy'n ffynnu yn Llanelli a'r fro bellach yw'r cwestiwn mawr.

'Edrych yn ôl ar Eisteddfod Genedlaethol Llanelli a'r Cylch, 2000', *Amrywiaeth Llanelli Miscellany* (t.54)

Jâms Niclas, T. Llew Jones, Dafydd Islwyn a Hywel Teifi y tu allan i Babell Lên Eisteddfod Genedlaethol Llanelli a'r Cylch, 2000

[A] than gyfaredd T. Llew Jones, arch-gyfarwydd Cymru a fu'n bwrw 'Trem yn ôl' ar fore Mawrth, fe lanwyd y babell â hwyl a golud diwylliant y Cymry … rwy'n trysori'r llun a dynnwyd ohono yng nghwmni rhai ohonom ar ôl ei 'awr fawr' ym Mhabell Lên 2000, llun a dynnwyd gan y cyfaill cymwynasgar Jon Meirion Jones. Pwy'n well na 'T. Llew' i ymgorffori'r cyfan y mae'r babell riniol honno wedi'i olygu i filoedd o eisteddfodwyr am y rhan orau o ganrif.

'Edrych yn ôl ar Eisteddfod Genedlaethol Llanelli a'r Cylch, 2000', *Amrywiaeth Llanelli Miscellany* (t.53)

Gyda'i gyfaill mawr, yr Archdderwydd Meirion (1999–2002)

Waldo Williams a ganodd i sicrhau clymau teulu dyn a dyna fyrdwn ysgrifennu Dafydd hefyd – yn fardd, ysgrifwr, nofelydd a sgriptiwr ... yn Marged a'r bechgyn fe gafodd gwlwm o deulu a'i daliodd mewn llawenydd a balchder a diolchgarwch, a dwy wyres fach o briodas Geraint a Janet a'i gwnaeth yn fachgennyn o dad-cu ... Doedd dim yn cyfrif cymaint iddo â diogelu'r cwlwm ac yn 'Dere fy mab' canodd folawd i gelfyddyd dal gafael a fydd yn faeth i'n dynoldeb tra bydd byw y Gymraeg.

'Darn o Gwm Tawe', *Barn,* Mai 2001 (Teyrnged i Dafydd Rowlands) (t.37)

Hydref, 2002   RHIF 246

PAPUR BRO CWMTAWE
Pris: 30c

LLAIS

Cofio y diweddar Brifardd
DAFYDD ROWLANDS
yn Ysgol Gyfun Ystalyfera

O'r chwith: Yr Athro Hywel Teifi Edwards, Margaret Rowlands, Trystan Rowlands, Geraint a Janet Rowlands, a'r ddwy wyres fach Sioned a Sara

Hywel gyda Geraint Jenkins ar y Maes yn Eisteddfod Genedlaethol Sir Fflint a'r Cyffiniau, 2007

Ymlacio gyda'r nos yn ystod Eisteddfod Genedlaethol Sir Ddinbych a'r Cyffiniau, 2001, yng nghwmni Gwyn Hughes Jones a Geraint Lewis

Lansio cyfrol Marion Löffler, *A book of mad Celts: John Wickens and the Celtic Congress of Caernarfon, 1904,* ym Mhabell Prifysgol Cymru yn Eisteddfod Genedlaethol Llanelli a'r Cylch, 2000

Pa arddull bynnag a fabwysiedir, fe ddylai fod iddi ei phriod swyddogaeth, gan ateb pwrpas llenyddol sy'n glir o ran meddwl a dyfais yr awdur. Fe all iaith pen-stryd fod yn gyfrwng llenyddol pwerus pan yw yr union gyfrwng priodol i'r profiad o fywyd y ceisir ei fynegi. Y mae'n ddiawledig o *boring* pan nad yw'n ddim ond diglemdod neu daro ystum. Yng nghystadleuaeth y Fedal Ryddiaith y mae gan feirniaid hawl i ddisgwyl darn o lenyddiaeth pwrpaslon, sgilgar ac enillgar. Fe fydd, wrth gwrs, yn gobeithio cael darllen gwaith dwyn-anadl.

Cyfansoddiadau a Beirniadaethau Eisteddfod Genedlaethol Sir Benfro, Tyddewi, 2002 (Beirniadaeth y Fedal Ryddiaith) (t.106)

Y mae gofyn i ddychan, waeth beth fo'i fodd a'i gywair, wrth ddifrifwch pwrpas a ffocws os yw i adael ei farc arnom. Carreg hogi'r dychanwr yw ei olwg ar fywyd; fel moesolydd fe fydd ganddo ddaliadau pendant ac fel crefftwr geiriau fe ofala fod min arnynt. Gall, fe all fod yn chwareus ond fe fydd ei chwarae mor farwol â chwarae cath â llygoden. Yn sicr o'i hawl i roi'r byd yn ei le, nid bod yn deg sy'n cyfrif i'r dychanwr ond bod yn iawn a'n cael ni, drwy gamp ei grefft, i gredu ei fod.

Cyfansoddiadau a Beirniadaethau Eisteddfod Genedlaethol Abertawe, 2006 (Beirniadaeth y Gerdd Ddychan) (t.87)

Angharad Price, enillydd y Fedal Ryddiaith yn Eisteddfod Genedlaethol Sir Benfro, Tyddewi, 2002

Er gwaetha'r gwynt a'r glaw a ddaeth i ymosod ar y Brifwyl eleni fe fwynheais i fy hunan yn fawr iawn yn Nhyddewi.

Ni wn i pa bechodau eisteddfodol y mae pobl Sir Benfro wedi'u cyflawni i haeddu glaw mawr yn Abergwaun yn 1986 a rhagor eto yn 2002.

Y mae un peth yn sicr, nid ydynt yn cael eu cosbi am ddiffyg brwdfrydedd na phrinder croeso. Roedd digon o'r ddau yn Nhyddewi eleni eto.

Ymhlith pleserau'r wythnos fe fyddaf yn cofio dau uchafbwynt am hydoedd. Ar brynhawn Mercher fe gefais y fraint o draddodi'r feirniadaeth ar gystadleuaeth y Fedal Ryddiaith a dyfarnu'r wobr am hunangofiant i 'Maesglasau', awdur *O! Tyn y Gorchudd*.

Yr oedd y tri ohonom a fu'n beirniadu wedi dotio at y modd yr adroddwyd hanes teulu Tynybraich yng nghwm Maesglasau yn Sir Feirionnydd gan awdur a oedd yn gallu trin geiriau yn rhagorol. Gwyddom i gyd bellach mai Angharad Price a enillodd y Fedal,

Hywel yn traddodi beirniadaeth cystadleuaeth y Fedal Ryddiaith yn Nhyddewi yn 2002 pan wobrwywyd Angharad Price am ei chyfrol *O! Tyn y Gorchudd*

a theimlad braf iawn oedd ei gweld yn codi yn y pafiliwn i arddel ei champ.

Y mae'n awdur ifanc amlwg galluog a gallwn edrych ymlaen at lawer o lyfrau ganddi yn y dyfodol a fydd yn ychwanegu at gyfoeth ein llenyddiaeth. Fe ddylai pawb sy'n gwerthfawrogi llenyddiaeth dda

ddarllen *O! Tyn y Gorchudd* – ac fe fydd aelodau Cymdeithas y Llan a'r Bryn yn Llangennech yn cael y pleser ychwanegol o wrando ar Angharad yn trafod ei llyfr yng Nghapel Bach Bethesda ar nos Fercher, 25 Medi.

Yr ail uchafbwynt yn Nhyddewi i fi oedd cael treulio oriau yn y pafiliwn ar nos Fercher i ryfeddu'n gegrwth at ddoniau'r perfformwyr ifanc – unawdwyr, actorion a chorau ieuenctid a ddaeth un ar ôl y llall i ddangos eu campau ar lwyfan mawr ein prifwyl. O weld a chlywed y fath ddisgleirdeb cawn fy hunan yn holi, eto fyth, pam fod 'dyfodol y Gymraeg' yn dal yn destun gofid i ni? Pam fod cynifer ohonom ni'r Cymry o hyd mor ansicr o werth ein Cymreictod? Y mae gennym ddigon o ddoniau yn ein gwlad. Yr hyn sy'n brin o hyd yw'n parodrwydd ni i gredu hynny. Diolch i brifwyl Tyddewi am roi achos da i ni gredu a llawenhau eleni.

'Eisteddfod Genedlaethol Tyddewi 2002', *Sosbanelli, Llanelli Star*, 19 Medi 2002 (t.11)

Bydd rhywrai'n siŵr o wfftio at ddewis Llew Llwyfo yn destun Darlith Lenyddol y brifwyl, hyd yn oed Prifwyl Môn. Gallwn ateb ei fod fel newyddiadurwr, bardd a nofelydd *manque* yn dangos i ni fwy o agweddau ar fywyd llenyddol ei Gymru ef nag odid neb o'i gyfoeswyr. Yn gywyddwr o gystadleuwr yn 18 oed, yr oedd yn ymgeisydd aflwyddiannus yn Eisteddfod Genedlaethol Lerpwl, 1900, pan ddyfarnwyd y Goron i'r Parch. J. T. Job am bryddest ar 'Williams Pantycelyn'. Daliai i gystadlu, waeth beth am lenydda, hyd y diwedd – fel y dywedodd Watcyn Wyn, 'Allasai "Y Llew" ddim byw heb geisio ysglyfaeth, ac ni allasai fyw heb lwyddo i ddal hefyd' – ac nid oes ddwywaith am ei werth fel un o fynegbyst llên ymdrechgar, ormodieithus, hunan-amddiffynnol ei ganrif ef.

Llew Llwyfo: Arwr Gwlad a'i Arwrgerdd (Darlith Lenyddol Eisteddfod Genedlaethol Môn, 1999) (t.6)

Hywel yn darlithio yn y Babell Lên yn Eisteddfod Genedlaethol Caerdydd a'r Cylch, 2008

Bu wrthi yn pori mewn rhai meysydd ac yn lloffa mewn eraill, yn ymchwilio a chasglu gwybodaeth anhygoel o eang, cyn rhoi'r cyfan trwy felin ei feddwl i'w gyflwyno yn enllyn blasus i'r cyffredin a'r ysgolhaig ei werthfawrogi a'i fwynhau, a pheri eu bod yn sefyll ysgwydd wrth ysgwydd yn y ciw er mwyn bachu lle yn y Babell Lên i wrando [ar d]darlithydd mwyaf poblogaidd ein dyddiau ni.

'Ysgolhaig y Bobl', Meirion Evans, *Barn*, Chwefror 2010 (t.28)

Does dim, wrth gwrs, sy'n dangos yn gliriach fod Darwiniaeth Gymdeithasol ar waith yn Eisteddfodau Cenedlaethol yr 1860'au na'r agwedd gyffredinol at y Gymraeg. I'r wasg Saesneg y prawf amlycaf o israddoldeb Celtaidd y Cymry oedd eu mamiaith. Benthycai ei hun yn rhwydd i'w dychan – 'gibberish' ydoedd, cawdel o seiniau aflafar. Mae'n wir mai codi hwyl digon amrwd oedd pwrpas dychan o'r fath fynychaf ond yr oedd, serch hynny, yn gwadu i'r Cymry leferydd pobol wâr ar adeg pan oedd y dadlau am ddamcaniaeth Darwin wedi gwneud y 'missing link' nid yn unig yn bwnc llosg, ond yn ymadrodd diraddiol yn ogystal am rai yr amheuid nad oeddent yn gyflawn aelodau o'r teulu dynol.

O blith y Celtiaid, ar y Gwyddyl terfysglyd a oedd yn bod i'w hepaeiddio y crogwyd sarhad y 'missing link' fynychaf. Yn gyhoeddus, o leiaf, nid ymddengys i'r Cymry hydrin deimlo'i frath yn aml, ond yn 1866 cyhoeddodd *Cronicl Cymru* mewn

Yng nghwmni Keith Bush ac Alan Jobbins o Gymdeithas Carnhuanawc, yn Eisteddfod Genedlaethol Casnewydd, 2004. Traddododd Hywel ddarlith yno ar 'Carnhuanawc ac Eisteddfod y Fenni'

sgit miniog, i Dr. Livingstone ddarganfod y 'missing link' yn Eisteddfod y Cymry yng Nghastell-nedd – eisteddfod brotest yn erbyn Seisnigrwydd rhemp yr Eisteddfod Genedlaethol a oedd newydd ei chynnal yng Nghaer.

Darwin yn yr Eisteddfod (Darlith Lenyddol Eisteddfod Genedlaethol Meirion a'r Cyffiniau, 2009) (tt.9–10)

Llangennech a thu hwnt

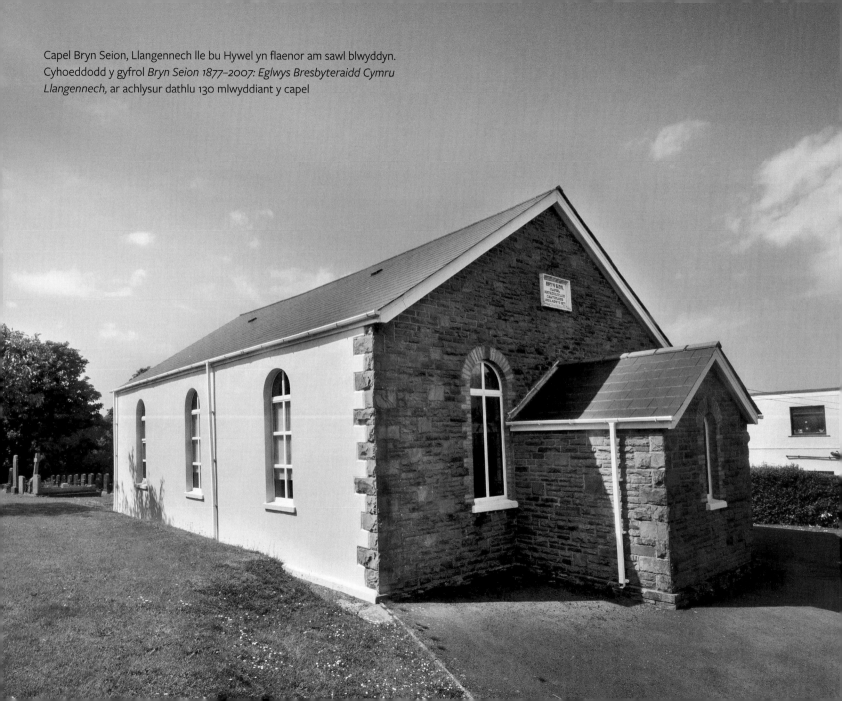

Capel Bryn Seion, Llangennech lle bu Hywel yn flaenor am sawl blwyddyn.
Cyhoeddodd y gyfrol *Bryn Seion 1877–2007: Eglwys Bresbyteraidd Cymru
Llangennech,* ar achlysur dathlu 130 mlwyddiant y capel

Dwi'n ddyn pentre; bydden i'n werth dim mewn tre, heb sôn am ddinas. Dyn pentre. Wy'n lico pobol fusneslyd, difyr, pobol sy eisie gwbod hanes. Rhan o'r sbort o fyw mewn pentre yw dy fod ti'n gallu gollwng stori'n rhydd yn y bore, ac erbyn yr hwyr bydd hi wedi tyfu'n epic, a Duw a ŵyr beth fydd wedi digwydd, a phwy fydd yn y stori. Wy'n ca'l hynny'n ddifyr iawn.

O'r ffilm *Hywel Teifi*, Apollo, 2008

Ymsefydlais yn Llangennech yn 1965 pan oedd pwll y Morlais yn rhoi gwaith i gannoedd o lowyr a phan oedd nifer dda o gyn-lowyr yn dal i fyw yn y pentref. Yn nhafarn y Bridge cefais gwmni a chyfeillgarwch sawl un ohonynt ac ers tro byd rwy'n cyfrif rhai o'u plith yn ffrindiau tu hwnt i bris. Maent yn Gymry o'r groth ac yn dilyn y 'pethe' – eu 'pethe' hwy – rygbi, ceffylau, difyrrwch tafarn a llawenydd daear. Mae gwneud job onest o waith yn cyfrif ganddynt; maent yn driw i'w gilydd, heb wneud ffŷs; maent yn falch o'u tras, heb fost. Mae cael bod yn eu mysg yn hyfrydwch. Mae cael eu cefnogaeth yn fraint. Mae eu colli yn byrhau'r einioes.

Arwr Glew Erwau'r Glo (t.xv)

A wy'n cofio un o'r pethe o'dd wedi'n syfrdanu i, fel dyn â dim diléit mewn ceffyle o gwbwl. Mynd lawr ambell i fore Sadwrn, i lawr i hen dafarn y Bridge ar waelod y rhiw i gael peint.

Byddet ti'n mynd fewn i'r bar, ac roedd hi fel cwrdd Crynwyr 'na, y cwbwl yn hollol dawel. Pawb â'i drwyn yn 'i bapur yn stydio'r *form*. A'r ochor draw i'r hewl o'r dafarn, roedd 'na siop beto wedi agor, yntefe. O'dd hi ddim yn saff i ti agor dy ben – os o'dd raid iti siarad, roedd hi'n well bod dyn yn sibrwd. A wy'n cofio un o'r arbenigwyr, un o'r bois oedd yn deall ceffyle, yr hen ffrind Raymond. Roedd e'n dod â *Time Form* gydag e – llyfr clorie du, sgleiniog arno fe, a'r teitl *Time Form* yn wyn ar y clawr. Ac yn y llyfyr hwnnw oet ti'n ca'l gwbod popeth am geffyl, 'u cyflwr nhw, fel petai, hyd at y funud ola, a'r enw oedd gyda nhw ar y llyfyr hwnnw oedd 'Llyfr y Datguddiad'.

O'r ffilm *Hywel Teifi*, Apollo, 2008

Oedwn am ychydig i ystyried sut le oedd Llangennech ar ddiwedd yr 1870au. Pan ysgrifennodd Rhys J. Davies, AS, a aned yn Ysgubor-fach yn 1877, am 'Y Pentref Lle Ganed Fi' yn *Yr Eurgrawn Wesleyaidd* ym Mehefin 1935, cofiai bentref o ryw bymtheg cant 'a bron bob enaid byw yn Gymry glân. Yn wir, nid oes air Saesneg ymron ar dafod, nac ar unrhyw garreg fedd yn un o'r mynwentydd'. Cofiai'r ddau waith alcam, y 'Gwaith Mawr' a'r 'Gwaith Bach', yn cyflogi llu o weithwyr, ei dad yn un ohonynt 'a'r chwys yn rhedeg fel eira sebon oddi ar ei gorff lluniaidd' wrth iddo slafio o flaen ffwrnais y 'Gwaith Mawr'.

Bryn Seion 1877-2007: Eglwys Bresbyteraidd Cymru Llangennech (t.12)

Un o lynnoedd Parc y Sandy

Roedd gan y bardd, R. Williams Parry, ei lôn goed; roedd gan y storïwr a'r nofelydd, Kate Roberts, ei lôn wen ac roedd gan y telynegwr a'r ysgrifwr, Wil Ifan ei filltir aur. Ac y mae gen innau, a phawb tebyg i fi yng nghylch Llanelli, Barc y Sandy – sef lle dedwydd i gerdded, i ymlacio ac i ryfeddu at harddwch bro *Sosbanelli*.

Rwy'n cofio Gorsedd y Beirdd yn cwrdd ar lan y llyn ar fore Gwener Eisteddfod Genedlaethol Llanelli, 2000. Roedd yn fore nefolaidd o haf, y llyn yn llathru yng ngolau'r haul a'r elyrch yn addoli eu lluniau yn y dŵr. Roedd yr olygfa mor hudolus fel na fyddai dyn ddim wedi synnu petai braich wedi codi o'r llyn i roi cleddyf y Brenin Arthur yn llaw Ray Gravell. Bob tro y byddaf yn cerdded rhwng meini'r Orsedd fe fyddaf yn cofio'r bore godidog hwnnw.

O gopa'r bryncyn, lle roedd cannoedd o eisteddfodwyr wedi dringo i wylio'r seremoni yn 2000, mae'r olygfa yn rhoi pleser di-ffael. Yr ochr draw i'r llyn mae tai pobol y Pwll wyneb i waered yn y dŵr a chae rygbi Clwb Llanelli yn gwneud i ddyn gofio'r chwedl am ogof Arthur. Mae'n bryd i rywun ganu'r gloch i ddeffro'r marchogion. Mae cwpan Heineken yn disgwyl amdanynt fel y Greal Sanctaidd gynt!

Wedi troi i'r cyfeiriad arall y mae hyfrydwch Bro Gŵyr yn denu dyn dros y bae ac i lawr i gyfeiriad Porth Tywyn y mae traeth ysblennydd Cefn Sidan yn filltiroedd o foddhad. Mae sefyll ar gopa'r bryncyn uwchlaw meini'r Orsedd a gwylio'r haul yn machlud dros fae Caerfyrddin yn un o bleserau bywyd. Fe fyddai'n rhaid i ddyn fod mor ddiddychymyg â phastwn i beidio â chael ei gyffroi gan yr olygfa.

Ac i feddwl fod yr holl harddwch hwn ar gael i'w fwynhau yn yr union fan lle'r oedd gwaith dur Duport, megis ddoe, yn hawlio'r lle â'i holl brysurdeb a'i drwst. Ond y mae eisiau cofio fod i waith Duport, hefyd, ei harddwch. Harddwch cymdeithas o weithwyr a oedd yn cynnal teuluoedd Llanelli ac yn cyfrannu cymaint at ffyniant

Golygfa ar draws moryd afon Llwchwr tuag at Benrhyn Gŵyr

y dref. Wrth ryfeddu at yr haul yn machlud dros y bae, y mae'n rhy hawdd anghofio'r cysgodion a daflwyd dros fro 'Sosbanelli' gan fachlud ei diwydiant. Rhaid dal i obeithio y daw eto haul ar fryn. Fe godaf, rhyw fore, i fynd lawr i weld yr haul yn codi ar Barc y Sandy.

Mae tro o gwmpas y llyn yn well na photelaid o foddion ac os digwydd iddi ddechrau glawio, wel, mae tafarn ar lan y dŵr ac mae i honno, hefyd, ei lle yn hyfrydwch y fan.

'Parc y Sandy', *Sosbanelli, Llanelli Star*, 29 Mai 2003 (t.6)

Bill Griffiths a'r Parch. Eifion Roberts yn cyflwyno llun o'r capel i Hywel i ddiolch iddo am ei waith yn ysgrifennu hanes yr achos ym Mryn Seion, Tachwedd 2008

Dyma ddarn o hanes y capel bach lle byddaf mynych yn gweddïo am wyleidd-dra bob sul !

Rhan o gyfarchiad Hywel mewn copi o hanes Bryn Seion, Llangennech

Yn y gyfrol *Bryn Seion 1877–2007: Eglwys Bresbyteraidd Cymru Llangennech*, mae Hywel yn nodi ei hoff adnodau, ei hoff emyn ac yn esbonio pwysigrwydd y capel iddo:

Y mae'r twf rhyfeddol yng ngallu dyn yn mynd law yn llaw â thwf brawychus ei ryfyg. Bellach, y mae dinistr y byd o fewn ei allu, a heb Waredwr y mae dyn wedi'i dynghedu i fyw ar drugaredd ei ryfyg ef ei hun. Rwy'n dewis adnodau o Lyfr Job ar gyfer ein hamserau: 'Ble'r oeddit ti pan osodais i sylfaen i'r ddaear? Ateb, os gwyddost.' (Job xxxviii, 4) 'O ble y daw doethineb? A phle mae trigfan deall? ... Duw sy'n deall ei ffordd: y mae ef yn gwybod ei lle ... A dywedodd wrth ddyn, "Ofn yr Arglwydd yw doethineb, a chilio oddi wrth ddrwg yw deall".' (Job xxviii, 20, 23, 28)

Y mae emyn mawr Pantycelyn fel y'i ceir yn ei lawn ogoniant yn *Gloria in Excelsis* (1771), 'Disgyn, Iesu, o'th gynteddoedd,/ Lle mae moroedd mawr o hedd ...' gyda'r ble fwyaf angerddol ar ran pechadur. Dylai cynullwyr *Caneuon Ffydd* gywilyddio am ei ddibrisio.

Fel pobol pob capel ac eglwys Gristnogol, casgliad o bechaduriaid yw pobol Bryn Seion. Yr ydym yn un yn ein hangen am Waredwr, ac yn rhinwedd yr angen hwnnw y deuwn at ein gilydd i addoli. Y mae'r gymdeithas yno'n braf gytûn; byddai'n gyfoethocach yn yr ysbryd petaem yn gallu bwrw ein swildod a rhannu profiadau'n amlach.

***Bryn Seion 1877–2007: Eglwys Bresbyteraidd Cymru Llangennech* (t.104)**

Ordeinio blaenoriaid yng Nghapel Newydd Llanddarog, 1984. Y ddau flaenor newydd, Bill Griffiths (chwith) a Gwenda Davies yn cael eu cefnogi gan Hywel Teifi (cefn), Donald Thomas, Albert Cole a David John Lewis

Hywel gyda chriw o'r capel ar daith gerdded i Barc Dinefwr, Llandeilo, yn 2000. Gwelir Hywel yma yn dynwared ffarmwr a adwaenai flynyddoedd yn ôl. Gydag ef (o'r chwith i'r dde) mae Bill Griffiths, Patricia Jones a Lyn Jones

Ordeinio dau flaenor yng Nghapel Moriah, Llansteffan, Ebrill 2005. O'r chwith: Bill Griffiths (Ysgrifennydd), Elizabeth Griffiths, Patricia Jones, Hywel Teifi

Hywel (yr ail o'r chwith, cefn), ac aelodau Capel Bryn Seion yn 2003

Hywel gyda golygyddion *Cawr i'w Genedl*: Huw Walters (chwith) a Tegwyn Jones

Mae'n addas iawn fod clawr y gyfrol *Cawr i'w Genedl* yn dangos Hywel yn y sedd fawr ym Mryn Seion, Llangennech. Fe dâl cofio iddo fod yn gawr i'w gapel hefyd. Yno yr ymaelododd Hywel ac Aerona yn union wedi ymsefydlu yn Llangennech, ac yn yr un eglwys maes o law y gwnaed Huw a Meinir yn gyflawn aelodau, a bu'r teulu bach yn addolwyr cyson a ffyddlon. Roedd Hywel yn flaenor gwasanaethgar ac ymhlith ei ddyletswyddau oedd gofalu fod pregethwyr ar gyfer oedfaon y Sul. A phan nad oedd ymwelydd o bregethwr ar gael, byddai Hywel ei hun yn dod i'r adwy. Roedd yn gwbl o ddifrif ynglŷn â'i Gristnogaeth, ac fel y dywedodd yr Athro Wynn Thomas yn ei deyrnged iddo, ''does dim rhaid ymddwyn yn ddifrifol bob amser i ddangos eich bod o ddifrif'. Gofid mawr Hywel oedd gweld dyn yn gwrthod deall ei fod yn bechadur ac yn llwyr ddiystyru'r dimensiwn ysbrydol. Dwedai'n aml lle bynnag y mae dyn yn mynd yn rhy fawr i'w sgidie ac yn gwneud fel y mynno â chread Duw, y mae llanast yn siŵr o ddilyn.

'Cofio Hywel Teifi Edwards' – Meirion Evans yn y Babell Lên, Eisteddfod Genedlaethol Blaenau Gwent a Blaenau'r Cymoedd, 2010

Pan ddaeth Hywel i wybod fod cyfrol i'w gyfarch yn y wasg ac mai teitl honno fyddai Cawr i'w Genedl, ymfflamychodd yn llygadfawr gan hysbysu'r golygyddion yn uchel fod 'gormod o ryw blydi "cewri" obeutu'n barod', ond lleddfodd ychydig bach pan esboniwyd mai cymal o gerdd gyfarch y cyn-Archdderwydd Jim Parc Nest iddo oedd y teitl hwn, a bod y gerdd gyfan i'w gweld yn y gyfrol. Y mae gan y golygyddion le i gredu iddo gael ei blesio yn y gyfrol ('Fe gei faddeuant – jyst abowt' yw ei eiriau yng nghopi personol un ohonynt), a hyfrydwch iddynt hwy oedd parodrwydd brwd a chydweithrediad hapus y cyfeillion a wahoddwyd i gyfrannu iddi.

Ond ambell dro,
rhoes y wawr o'i gorau
i ddod â dydd o haul anarferol,
rheidiol i Aber-arth;
un bore ir bu hi
mor braf â geni
cawr i'w genedl,
Lleu beiddgara'r Deheubarth.

'Wyneb yr Haul yn Aber-arth' gan T. James Jones yn *Cawr i'w Genedl* (t.xi)

Ray Gravell, y Parch E. D. Morgan a Hywel

Nos Fercher, 29 Medi 2004, fe ddaeth Grav, *alias* Ray o'r
Mynydd, i siarad â ffyddloniaid Cymdeithas y Llan a'r Bryn yn
Llangennech. Roedd i siarad am 'Chwarae dros Gymru' ac ar
ôl awr a hanner fe gyrhaeddodd ddechrau'i gêm gyntaf dros ei
wlad yn erbyn Ffrainc yn Parc des Princes yn 1975.
'Creu i Gofio', *Barn,* Rhagfyr 2007 / Ionawr 2008 (t.72)

Mewn oes y mae ei siniciaeth wedi gwenwyno bron bob sôn
am arwyr, y mae yn wir yn beth i ryfeddu ato fod Cymro
dirodres o Gwm Gwendraeth wedi adfer mesur o fawredd
a thegwch i'r brid. Gwnaeth wladgarwch yn beth di-hunan,
cywir a chyfeillgar. Heb geisio bod yn ddim byd ond efe'i
hunan, fe dyfodd yn arwr at iws gwerin gwlad.
'Creu i Gofio', *Barn,* Rhagfyr 2007 / Ionawr 2008 (t.72)

Hywel yn siarad yn angladd Ray Gravell ym Mharc y Strade ar
15 Tachwedd 2007

Sefydlodd gymdeithas lenyddol lwyddiannus – Cymdeithas y Llan a'r Bryn – yn Llangennech, ac ef a drefnai'r rhaglen a sicrhau siaradwyr cymwys. Ef hefyd a drefnai'r trip blynyddol, a ddaeth yn un o uchafbwyntiau'r flwyddyn i garwyr llên a barddas Llangennech a'r cylch. Cofiaf iddynt ddod i'r Llyfrgell Genedlaethol un haf, a gofynnwyd imi baratoi arddangosfa arbennig o lenyddiaeth leol ar eu cyfer, gan adael i Hywel ei hun draethu'n ddifyr am feirdd a llenorion Llanelli a'r cylch.

'Hywel Teifi 1934–2010: Atgof Llyfrgellydd' – Huw Walters yn *Barddas*, Ebrill / Mai / Mehefin 2010 (tt.7–8)

Pwy a ŵyr sut bydd y gymdeithas ddynol yn datblygu? Yr unig beth alli di wneud yn dy gyfnod di dy hunan yw gobeithio bod ti'n gallu cyflwyno neu gyfleu rhyw fesur o dy werthfawrogiad di o'r diwylliant sy wedi dy greu di, a pham wyt ti'n credu bod y diwylliant hwnnw yn ddiwylliant sy'n haeddu byw. Ac wrth gwrs, dyw e ddim yn haeddu byw oni bai ei fod yn gallu addasu'i hunan. All e ddim sefyll yn 'i unfan, ond ma' hynny'n wahanol i ddweud bod ti'n ildio. Rwy'n gwbwl argyhoeddedig nad yw pobol ddim yn darfod. Rwy'n credu gant y cant yn hynna. Alli di golli rhyfeloedd, galli di fyw dan draed gelyn, am gyfnod, ca'l dy wasgu a diodde, ac yn y blaen, ac yn y blaen, ond dyw pobol *byth* yn darfod nes 'u bod nhw'n ildio'u stori. Unwaith wyt ti'n gollwng dy stori, a meddwl y galli di fyw – gwêd – o fewn i gwmpas stori rhywun arall, unwaith wyt ti'n gneud 'na, *Assimilated* yw hi wedyn. A dyma pam rwy'n credu bod y busnes 'ma o gadw stori'r Gymraeg yn fyw, cael pobol i ymddiddori yn 'u stori, i fi yn rhwbeth o'r pwys mwya.

O'r ffilm *Hywel Teifi*, Apollo, 2008

A thithau heddiw yw ein cyfarwydd ni,
yn trysori ar gof y stori orau un –
stori dy wlad,
stori dy bobl di dy hun.

'H.T.E.' gan Meirion Evans yn
Cawr i'w Genedl (t.xii)

'Yn Llangennech y bydda i bellach tan ddiwedd oes, ac wedyn, fel y teid yn dod fyny i Lwchwr fe a' i'n ôl i Aber-arth.'

Ffynonellau Cyhoeddiadau

Pennod 1: 'Hywel Aber-arth'

t.8 *O'r Pentre Gwyn i Gwmderi: delwedd y pentref yn llenyddiaeth Cymru,* Llandysul: Gwasg Gomer, 2004 (tt.ix–x)

t.8 *ibid.* (t.113)

t.10 *Arwr Glew Erwau'r Glo: delwedd y glöwr yn llenyddiaeth y Gymraeg, 1850–1950,* Llandysul: Gwasg Gomer, 1994 (tt.ix–x)

t.15 'Rwy'n mynd am sbin i Aberaeron', *Aberaeron 1807–2007: Dathliad | Aberaeron 1807–2007: A Celebration,* Pwyllgor 200 Mlwyddiant Aberaeron, 2007 (t.60)

t.18 *Pantycelyn a Parry-Williams: Y Pererin a'r Tramp, Darlith Goffa Syr Thomas Parry-Williams 1995,* Aberystwyth: Canolfan Uwchefrydiau Cymreig a Cheltaidd Prifysgol Cymru, 1996 (t.13)

t.21 'Rwy'n mynd am sbin i Aberaeron', *Aberaeron 1807–2007: Dathliad | Aberaeron 1807–2007: A Celebration,* Pwyllgor 200 Mlwyddiant Aberaeron, 2007 (t.61)

Pennod 2: Pêl-droed a champau eraill

t.24 'Rwy'n mynd am sbin i Aberaeron', *Aberaeron 1807–2007: Dathliad | Aberaeron 1807–2007: A Celebration,* Pwyllgor 200 Mlwyddiant Aberaeron, 2007 (t.61)

t.25 Gwyn Jenkins, *Cynghrair Pêl-droed Aberystwyth a'r Cylch 1934–1984,* Aberystwyth: Y Gynghrair, 1984 (t.34)

t.29 'Y Ddwy Gêm', *Barn,* Tachwedd 1966 (t.11)

t.31 *ibid.*

Pennod 3: Gadael y nyth a magu teulu

t.34 'Hywel Teifi' gan Tegwyn Jones, *Gawr i'w Genedl: Cyfrol i Gyfarch yr Athro Hywel Teifi Edwards* (gol. Tegwyn Jones a Huw Walters), Llandysul: Gwasg Gomer, 2008 (t.3)

t.35 *ibid.* (t.4)

t.37 *ibid.*

t.39 *Arwr Glew Erwau'r Glo: delwedd y glöwr yn llenyddiaeth y Gymraeg, 1850–1950,* Llandysul: Gwasg Gomer, 1994 (t.xiv)

t.40 *ibid.*

Pennod 4: 'Ysgolhaig y Bobl'

t.49 *Gŵyl Gwalia: yr Eisteddfod Genedlaethol yn oes aur Victoria,* Llandysul: Gwasg Gomer, 1980 (t.ix)

t.49 'Priswyr y Genedl', *Y Faner,* 16 Chwefror 1979 (t.5)

t.50 *Jiwbilî y Fam Wen Fawr: Fictoria 1887–1897,* Llandysul: Gwasg Gomer, 2002 (t.15)

t.51 'Lloffion Caernarfon', *Y Faner,* 27 Gorffennaf 1979 (t.7)

t.51 'Eisteddfod Genedlaethol Caernarfon 1862', *Barn,* Gorffennaf / Awst 1979 (t.41)

t.52 *Gŵyl Gwalia: yr Eisteddfod Genedlaethol yn oes aur Victoria,* Llandysul: Gwasg Gomer, 1980 (tt.17–18)

t.53 'Eisteddfod Genedlaethol Abertawe, 1891', *Abertawe a'r Cylch* (gol. Ieuan M. Williams), Llandybïe: Christopher Davies, 1982 (t.9)

t.54 'Ysgolhaig y Bobl', Meirion Evans, *Barn,* Chwefror 2010 (t.29)

t.54 Teyrnged gan yr Athro Gareth Williams, Prifysgol Morgannwg, *Golwg,* 7 Ionawr 2010 (t.5)

t.57 'Tirluniau Dychymyg Gwenallt' gan Christine James, *Cawr i'w Genedl: Cyfrol i Gyfarch yr Athro Hywel Teifi Edwards* (gol. Tegwyn Jones a Huw Walters), Llandysul: Gwasg Gomer, 2008 (t.217)

t.57 'Hywel Teifi' gan Tegwyn Jones, *ibid.* (tt.5–6)

t.58 'Ceiriog 1832–1887', *Y Faner,* 17 Ebrill 1987 (t.5)

t.58 'Y Brifwyl yn y Cwm', (gol.) *Cwm Aman* (Cyfres y Cymoedd), Llandysul: Gwasg Gomer, 1996 (tt.290–1)

t.59 *Wythnos yn Hanes y Ddrama yng Nghymru* (t.8)

t.60 'Y Ganrif Fwyaf' gan Peredur Lynch, *Cawr i'w Genedl: Cyfrol i Gyfarch yr Athro Hywel Teifi Edwards* (gol. Tegwyn Jones a Huw Walters), Llandysul: Gwasg Gomer, 2008 (t.xiii)

t.63 *Pantycelyn a Parry-Williams: Y Pererin a'r Tramp, Darlith Goffa Syr Thomas Parry-Williams 1995*, Aberystwyth: Canolfan Uwchefrydiau Cymreig a Cheltaidd Prifysgol Cymru, 1996 (t.6)

t.65 'Proffwyd y Gorffennol', M. Wynn Thomas, *Barn*, Chwefror 2010 (t.30)

Pennod 5: Gwleidydd

t.71 'Priswyr y Genedl', *Y Faner*, 16 Mawrth 1979 (t.5)

t.71 *ibid.*

t.74 'Marie James, 1919–1995', *Barn*, Tachwedd 1995 (t.8)

t.75 'Sylwadau'r Mis', *Barn*, Awst 1984 (t.270)

t.76 'Cyfle i Herio Redwood', *Golwg*, 13 Ionawr 1994 (t.5)

Pennod 6: Eisteddfodwr

t.81 'Y Brifwyl yn y Cwm', *Cwm Aman* (Cyfres y Cymoedd), Llandysul: Gwasg Gomer, 1996 (tt.295–6)

t.82 'Edrych yn ôl ar Eisteddfod Genedlaethol Llanelli a'r Cylch, 2000' yn *Amrywiaeth Llanelli Miscellany*, Rhif 25 (2011–2012), (t.52)

t.83 'Y dathlu mawr', *Barn*, Medi 1976 (t.284)

t.84 'Llenwi'r Cof', *Y Faner*, 31 Awst 1979 (t.8)

t.85 'Parhad yr Eisteddfod Genedlaethol ar ôl 1868', *Yr Eisteddfod: cyfrol ddathlu wythganmlwyddiant yr Eisteddfod*, Llys yr Eisteddfod Genedlaethol, 1976 (t.82)

t.86 'Sul Eisteddfod', *Y Faner*, 6 Gorffennaf 1979 (t.7)

t.88 'Rhagair' *Almanac* (gol. Ioan Roberts), Hughes a'i Fab, 1980 (t.6)

t.90 'Edrych yn ôl ar Eisteddfod Genedlaethol Llanelli a'r Cylch, 2000', *Amrywiaeth Llanelli Miscellany*, Rhif 25 (2011–2012) (t.54)

t.91 *ibid.* (t.53)

t.92 'Darn o Gwm Tawe', *Barn*, Mai 2001 (t.37)

t.94 Beirniadaeth y Fedal Ryddiaith, *Cyfansoddiadau a Beirniadaethau Eisteddfod Genedlaethol Sir Benfro, Tyddewi, 2002* (gol. J. Elwyn Hughes), Llandybïe: Gwasg Dinefwr dros Lys yr Eisteddfod Genedlaethol, 2002 (t.106)

t.94 Beirniadaeth y Gerdd Ddychan, *Cyfansoddiadau a Beirniadaethau Eisteddfod Genedlaethol Abertawe a'r Cylch, 2006* (gol. J. Elwyn Hughes), Llandysul: Gwasg Gomer, 2006 (t.87)

t.95 'Eisteddfod Genedlaethol Tyddewi 2002', *Sosbanelli, Llanelli Star*, 19 Medi 2002 (t.11)

t.96 *Llew Llwyfo: Arwr Gwlad a'i Arwrgerdd* (Darlith Lenyddol Eisteddfod Genedlaethol Môn, 1999), Llangefni: Llys yr Eisteddfod Genedlaethol, 1999 (t.6)

t.97 'Ysgolhaig y Bobl', Meirion Evans, *Barn*, Chwefror 2010 (t.28)

t.97 *Darwin yn yr Eisteddfod* (Darlith Lenyddol Eisteddfod Genedlaethol Meirion a'r Cyffiniau, 2009), Llys yr Eisteddfod Genedlaethol, 2009 (tt.9–10)

Pennod 7: Llangennech a thu hwnt

t.101 *Arwr Glew Erwa'r Glo: delwedd y glöwr yn llenyddiaeth y Gymraeg, 1850–1950*, Llandysul: Gwasg Gomer, 1994 (t.xv)

t.101 *Bryn Seion 1877–2007: Eglwys Bresbyteraidd Cymru Llangennech* (t.12)

t.103 'Parc y Sandy', *Sosbanelli, Llanelli Star*, 29 Mai 2003 (t.6)

t.104 *Bryn Seion 1877–2007: Eglwys Bresbyteraidd Cymru Llangennech* (t.104)

t.107 'Wyneb yr Haul yn Aber-arth', T. James Jones, *Cawr i'w Genedl: Cyfrol i Gyfarch yr Athro Hywel Teifi Edwards* (gol. Tegwyn Jones a Huw Walters), Llandysul: Gwasg Gomer, 2008 (t.xi)

t.108 'Creu i Gofio', *Barn*, Rhagfyr 2007 / Ionawr 2008 (t.72)

t.109 'Hywel Teifi 1934–2010: Atgof Llyfrgellydd' – Huw Walters, *Barddas*, Ebrill / Mai / Mehefin 2010 (tt.7–8)

t.109 'H.T.E.', Meirion Evans, *Cawr i'w Genedl: Cyfrol i Gyfarch yr Athro Hywel Teifi Edwards* (gol. Tegwyn Jones a Huw Walters), Llandysul: Gwasg Gomer, 2008 (t.xii)

Cydnabyddiaethau Lluniau

Cydnabyddiaeth

Diolch yn arbennig i Aerona, Huw a Meinir Edwards, am roi benthyg lluniau i'w hatgynhyrchu yn y gyfrol hon, a hefyd i'r canlynol:

Colin Rees, Aberdâr

Dafydd ac Edna Jenkins, Trimsaran

Eirwen a Campbell Jones, Brynhoffnant

Eleri Rogers, Caerdydd

Elizabeth Griffiths ac aelodau Capel Bryn Seion, Llangennech

Frances Jones-Davies, cylchgrawn *Cambria*

Gareth Bevan a Chymdeithas Aberaeron

Geraint H. Jenkins, Blaen-plwyf

Heini Gruffudd, Abertawe

Jon Meirion Jones, Llangrannog

Tony Couch, Casnewydd

Gwnaed pob ymdrech i gydnabod a chysylltu â pherchenogion hawlfraint y ffotograffau yn y llyfr hwn. Bydd Cyhoeddiadau Barddas yn falch o dderbyn unrhyw wybodaeth am y lluniau hynny nad oedd modd eu cydnabod.

Diolch hefyd:

i aelodau o staff Llyfrgell Genedlaethol Cymru ac i brosiect DigiDo'r Llyfrgell Genedlaethol

i Luned a David Meredith am ganiatâd i atgynhyrchu o rifynnau o'r *Faner*

i Blaid Cymru am ganiatâd i atgynhyrchu eitemau o Archif Plaid Cymru yn y Llyfrgell Genedlaethol

i'r *Cymro* am ganiatâd i atgynhyrchu tudalen o'r papur

i Dewi Hughes, Cadeirydd Papur Bro Cwm Tawe, am gael atgynhyrchu clawr rhifyn o'r *Llais*

Diolch yn arbennig i Wasg Gomer am ganiatâd i atgynhyrchu clawr y gyfrol *Jiwbilî y Fam Wen Fawr: Fictoria 1887–1897*, am ganiatâd i ddyfynnu o *Cawr i'w Genedl: Cyfrol i Gyfarch yr Athro Hywel Teifi Edwards* (gol. Tegwyn Jones a Huw Walters) ac am ganiatâd i ddyfynnu o'r cyfrolau canlynol o eiddo Hywel Teifi:

O'r Pentre Gwyn i Gwmderi : delwedd y pentref yn llenyddiaeth Cymru

Arwr Glew Erwau'r Glo: delwedd y glöwr yn llenyddiaeth y Gymraeg, 1850–1950

Gŵyl Gwalia: yr Eisteddfod Genedlaethol yn oes aur Victoria

Jiwbilî y Fam Wen Fawr: Fictoria 1887–1897

Cwm Aman (Cyfres y Cymoedd) (gol. Hywel Teifi Edwards)